Die Reise in der Suppenschüssel

Die Tipps und Informationen in diesem Buch sind von Autorin und Verlag nach bestem Wissen und Gewissen sorgfältig erwogen und geprüft. Autorin und Verlag übernehmen jedoch keine Haftung für etwaige Personen- oder Sachschäden, die sich aus dem Gebrauch oder Missbrauch der in diesem Buch aufgeführten Informationen ergeben.

Mengen- und Zeitangaben

Die meisten Mengenangaben in diesem Buch sind für 4 gute Esser.
Die Zeitangaben betreffen eine normale Kochgeschwindigkeit – kochen Kinder mit, dauert es natürlich etwas länger. In diesem Fall bitte ungefähr die Hälfte der Zeit zu der angegebenen Zeit hinzurechnen.

Originalausgabe:
© 2008 vgs
verlegt durch EGMONT Verlagsgesellschaften mbH, Gertrudenstraße 30–36, 50667 Köln
Alle Rechte vorbehalten

1. Auflage
Umschlaggestaltung: hilden_design, München, www.hildendesign.de
Redaktion: Yvonne Tiedt
Lektorat: Christina Kuhn, Köln
Produktion: Susanne Beeh
Layout und Satz: Carmen Strzelecki, Köln
Titelfotos und alle Bilder: Andreas Rümmelein und Sabine Bohlmann
Druck: Westermann Druck, Zwickau
ISBN 978-3-8025-1778-5

www.vgs.de

Sabine Bohlmann

Die Reise in der Suppenschüssel

Die Vielfalt des Essens spielerisch entdecken

Unter Mitarbeit von Fumi Dehnst

Einleitung 6

Vorspeise 6
Meine Crew 8
Schicke Schürzen 11
Mit vollem Mund spricht man nicht? 13
Räubertag 15
Kochen leicht gemacht 15
Das Mix-Max-Buch 16
Einkaufen leicht gemacht 17
Kleine Küchenhelfer 17
Gehirnjogging für die Küche 18

Italien 19

Wo wachsen eigentlich Nudeln? 20
Totellini di magro 21
Als Hauptspeise Pizza mit allem 22
Und noch eine Pizza 24
Rezept für Sugo 25
Kunst 26
Noch mehr Kunst gefällig? Wie wäre es mit Nudelbildern? 26
Tiramisu per i bambini 28
Ich muss noch schnell die Pizza fertignähen! 29

Indien 31

Mulligatawny 33
Linsenreis 34
Naan (Fladenbrot) 35
Tandoori-Huhn 36
Bananen-Raita 37
Koriander-Chutney 37
Süßsaures
Tomaten-Chutney 38
Mangosahne 38
Die Legende vom Reis 39
Windlichter 40

Schlaraffenland 41

Süßkram für alle?! 42
Knusperschokos 45
Sesambällchen 46
Kokosbällchen 46
Bunte Kekse 47
Aprikose unter der Haube 48
Schokofrüchtekugeln 48
Muffins 49
Sabines Käsekuchen 50
Gugelhupf 51
Schokoladenfondue 52
Süße Geschenke 54
Tortenkissenschlacht 56
Tortenmagnete 57
Dosen und Schachteln 58
Tortenkunst 59

Hexenwald 61

Hühnersuppe 63
Gefüllte Krautwickel 64
Bonsai Cooking 65
Der Scheiterhaufen 66
Das Brot – Grundteig 67
Kräuterbutter 68
Kräutergarten 69
Das Gartenbuch mit Blumenpresse 69
Verhexte Getränke 70
Die Kräuterapotheke 71
Hexerei 71
Die Drachenorange 72
Verhexter Pfeffer 72
Hexenmutprobe! 74

Unterwegs 75

Farmerquiche 77
Honey Chicken 78
Obstsalat 78
Quarkbrötchen 79
Pimp your Rucksack 80
Alles über Pausenbrote 81
Pausenbrotdosen 82

Japan 85
Stäbchen anmalen 87
Der Stäbchentrick für Anfänger 88
Origami 89
Restgemüsekreisel 90
Restgemüsedekoration 90
Das Essen 90
Basisrezept Gohan 91
Onigiri (Reisbällchen) 91
Nikudango (Hackfleischbällchen) 92
Mikankan to Lemonkan 93

Notlandung auf dem Kartoffelacker 95
Kartoffelschnee 98
Kartoffelfinger 99
Kartoffelpuffer mit Apfelmus 99
Gnocchi 100
Pommes frites 101
Kartoffelchips 102
Kartoffesalat à la Sabines Omi 102
Gratin 103
Kartoffelsuppe 104
Fumi, der Süßkartoffeltraum 104
Ofenkartoffeln 105
Was kann man noch mit Kartoffeln machen? 106
Kartoffeldruck 106

An der Tankstelle 109
Der kleine Shaker 110
Was braucht man für einen Shakertag? 111
Gretls Mixgetränk 113
Kräuterdudler 113
Ampeldrink 114
Was man mit Flaschen machen kann? 115
Fische angeln 116
Pustebilder 117

Super für Wartezeiten in Restaurants 118
Bierfilzlschlacht 120
Eis 121
Nasenbecher 122

Tausendundeine Nacht 123
Zucchinipuffer mit Cacik 124
Kare Börei 125
Peynirli Pi aca 126
Couscoussalat 127
Und was gibt´s zu trinken? 128
Chay (Tee) 128
Mandelmilchpudding 129
Märchen 130
Unser Märchenbuch 130
Wunschkiste 131

Zu Hause 133
Sauerbraten 134
Sauerbraten von Omaticktack 135
Soße 136
Knödel 137
Sauerkraut 138
Dampfnudeln 139
Stuhlhussen 141

Danksagung 143

Vorspeise

Essen! Da steht man eine Stunde in der Küche, bereitet mit viel Mühe und Liebe ein neues Mahl zu, denn die gewohnten 20 Rezepte, die man im Wechsel kocht, kommen einem schon langsam zu den Ohren raus, stellt erwartungsvoll den Topf auf den Tisch, hebt den Deckel und … Ihhh! Was ist das denn? Angewiderte Gesichter, gerümpfte, wenn nicht sogar zugehaltene Nasen sitzen da um den Tisch. »Ich hol mir 'n Joghurt!« »Muss ich das essen?« Wenigstens meinem Mann schmeckts.

Essen ist wichtig, essen ist schön, wir tun es jeden Tag. Warum ist es so ein Riesenthema in Familien? Zumindest konnten wir unsere Kinder früh davon überzeugen, dass »Ihhh« weder ein Wort noch besonders schmeichelhaft für den Koch ist, wir einigten uns schließlich auf folgende Worte: »Tut mir leid, Mami, aber das ist nicht so ganz mein Geschmack!«

Dabei ist Essen doch mehr als pure Nahrungsaufnahme. Essen bedeutet zusammen sein, um einen Tisch sitzen, erzählen, lachen, gemeinsam genießen, schwelgen. Geschmäcke sind unterschiedlich, spannend. Schließt man die Augen, können sie an den letzten Urlaub erinnern, an eine alte Liebe oder an unsere Kindheit. Wie Gerüche sitzen die Geschmackserinnerungen in uns und warten darauf, geweckt zu werden.

Und wenn etwas wie bei Oma schmeckt, ist das meist ein Riesenkompliment. Geben Sie es zu: Wie bei Oma, da weiß jeder gleich, was gemeint ist, und es läuft einem schon das Wasser im Mund zusammen!

Oder geben wir dem Essen und Gegessen werden zu viel Gewicht? Sollten wir vielleicht viel relaxter mit den Kindern in Bezug auf Essen sein? Jeder von uns kennt diese Sätze, die eigentlich den Appetit verderben: »Es wird gegessen, was auf den Tisch kommt!«, »Iss deinen Teller leer!«, »Da waren die Augen wohl wieder größer als der Magen!«, »Du isst wie ein Spatz!« etc. Warum aber ist es so schwierig, Kinder auf eine andere Weise davon zu überzeugen, dass es eine Welt jenseits von Pommes und Schnitzel gibt?

Moment mal, da hab ich eine Idee ...

Eine Welt jenseits von Pommes und Schnitzel? Da müssen wir hin! Begleiten Sie mich mit Ihren Kindern in die Welt der unterschiedlichsten Geschmäcke! Und plötzlich wird Essen auch für die Kinder vom Spiel zum Spaß und schließlich zum Genuss, und Sie werden staunen, was die Kinder plötzlich alles probieren und wie toll es ist, mehr über Essen hier und in anderen Ländern zu wissen.

Also tauchen Sie mit ein in das Abenteuer Essen!

Meine Crew

Meine Mannschaft besteht aus sechs Mahlzeit einnehmenden Personen zwischen 1,10 m und 1,67 m. Da wäre zuerst einmal der Kapitän: **Sabine**, das bin ich.

1,67 groß, Lieblingsessen Sauerbraten und Teriyaki-Lachs, Laster: Kuchen. Als Kind aß ich jahrelang nur Leberknödelsuppe, bis mein Vater mich dazu brachte, auch mal Krabbencocktail zu probieren. Von da an aß ich am liebsten Krabbencocktail, und mein Vater ärgerte sich, da Leberknödelsuppe viel billiger war. Trotzdem bin ich groß und stark geworden und esse heute fast alles außer scharfen Gerichten und Schnecken.

Dann natürlich mein Copilot: **Fumi**. 1,62 m, liebt Kochen und Essen! Vor allem, wen wundert es, die japanische Kost. Denn sie ist eine Halbjapanerin und mit Recht stolz darauf. Als Autorin des Kochbuchs »**Itadakimasu. Guten Appetit auf Japanisch**« und Mutter zweier Kinder sowie Ideen ohne Ende war sie der perfekte Copilot. Sie hat ein nahezu fotografisches Gedächtnis, was Speisen angeht. Dafür rührt sie keinen Kochlöffel an, wenn sie wütend ist, weil dann jedes Süppchen anbrennt. Ach ja, Milch auf dem Herd kann man nicht von ihr beaufsichtigen lassen. Die kocht garantiert über!

Jakob – der Chefsteward: Mit seinen 1,60 m wächst mir mein Chefsteward höchstwahrscheinlich schon nächste Woche über den Kopf. Jakob liebt den Sauerbraten seiner Uroma und Spinat mit Mehlklößen. Von einem ehemaligen »Gemüsetelleresser« hat er sich inzwischen zum eher wählerischen Esser entwickelt. Seine Leidenschaft heißt Salz. Salz mit Ei, Salz mit Tomaten und Salz auf der Zunge. Auf seinem aktuellen Wunschzettel steht ganz oben: ein eigener Salzstreuer.

Paulina, die Stewardess, ist 1,34 m groß. Wenn man sie fragt: »Was sollen wir heute kochen?«, kommt sofort als Antwort: »Sushi!« Sushi von morgens bis abends. Was natürlich nicht geht. Aber trotzdem ist das mit dem Probieren fremdartiger Speisen so eine Sache ... Würde ihr Fleisch nicht so gut schmecken, wäre sie Vegetarierin, denn sie liebt Tiere über alles. Ein Glück, dass wir nicht auf einem Bauernhof leben und jedes Fleisch auf unserem Teller persönlich mit Namen kennen.

Luca – der Steuermann: 1,28 m groß und wahrscheinlich der Feinschmecker in der Mannschaft. Als Vierteljapaner ist er von Geburt an verwöhnt worden mit japanischer Kost und allen Rezepten und Ideen, die seiner Mama in der Küche einfallen. Ein Lieblingsessen hat er gar nicht. Hauptsache, es ist japanisch. Dann darf es alles sein: sämtliche Fischsorten und Meerestiere, Meerespflanzen und sogar Natto (gegorene Sojabohnen). Gerne probiert er sich durch aller Länder Küchen, und von Reisen nimmt er sich immer eine neue Geschmacksrichtung mit nach Hause. Ein unkomplizierter Esser, wenn man mal davon absieht, dass man mit Eintönigkeit auf dem Speiseplan nicht weit kommt bei Luca.

Hannah – unser Smutje: Ist 1,10 m groß und liebt keine Salami, aber dafür Oliven. Unser Smutje ist wie ihr Bruder zu einem Viertel japanisch, kann auch schon ganz gut mit Stäbchen essen und besteht auf regelmäßige Essenszeiten, sonst wird sie schnell mal grantig. Überhaupt zeigen sich Hannahs Temperament und Charakter auch beim Essen. Genussvoll, heute so, morgen so, sie ist immer für eine Überraschung gut. Wenn ihr etwas nicht schmeckt, dann sagt sie: »Mama, das lasse ich auf dem Teller als Dekroation (Dekoration).«

Einleitung

Hier steht nun unsere Crew, und es wird fleißig an unserem Suppenschüsselmobil gebaut. Wie wird es flugtauglich?

Und so sieht es dann aus:

Jetzt bekommt jedes Crewmitglied noch ein Logbuch, in das alle Erlebnisse, Eindrücke und Geschmackserlebnisse eingetragen werden.

Und die Schürzen, also die Uniformen, dürfen wir auch nicht vergessen.

Schicke Schürzen

Wir nähen für jeden eine individuelle Schürze. Dazu denken wir uns Namen aus, die sowohl in der Küche als auch als Kosenamen benutzt werden. Wie zum Beispiel: Honigkuchen, Scherzkeks, Krümelmonster, Zimtsternchen, Zuckerschnecke und so weiter. Jetzt sucht sich jeder einen passenden Namen aus, und los geht's.

Was braucht man?
- Stoffe (weiße und bunte)
- Stempel (Resthölzer, Moosgummi)
- Stofffarbe
- Pinsel
- alte Schürzen als Vorlage
- Nähmaschine
- Kordeln oder Bänder
- evtl. Knöpfe

Die Stempel kann man aus kleinen Resthölzern und Moosgummi herstellen. Einfach aus dem Moosgummi (gibt es im Bastelladen) Buchstaben ausschneiden und seitenverkehrt auf die Hölzer kleben. Mit Farbe werden nun die Buchstaben angemalt und auf das gewünschte Stück Stoff gedruckt. Bügelt man es jetzt von links, kann die Schrift später auch gewaschen werden. Die Moosgummistempel kann man immer wieder verwenden.

Und so geht es:

1. Auf ein Stückchen weißen Baumwollstoff mit Moosgummistempel und Stofffarbe den Lieblingsnamen drucken, trocknen lassen und zum Fixieren von links gegenbügeln.
2. Eine alte Schürze als Muster auf den Stoff legen, nachzeichnen und mit Nahtzugabe zurechtschneiden. Für die Kinder natürlich kleinere Schürzen zuschneiden. Haben Sie keine alte Schürze als Muster, schneiden Sie sich doch ein eigenes Muster aus einem Zeitungspapier.
3. Schürze einsäumen oder mit Schrägband umsäumen, ganz nach Belieben. Je nach Stärke des Stoffes entscheiden Sie selbst, ob es nötig ist, den Stoff doppelt oder einfach zu nehmen.
4. An den »Taillenecken« der Schürze sowie an den zwei Ecken am Hals Bänder oder Kordeln zum Binden befestigen.
5. Den kleinen weißen Stoff mit der Schrift umsäumen und in die Mitte der Schürze nähen. Nähen Sie diesen Stoff nur rechts und links und unten zu, dann entsteht automatisch eine kleine Tasche.
6. Wir befestigen noch an jeder Schürze drei unterschiedliche Knöpfe. Das sieht schön aus, und man kann sich ein Küchentuch mit einer Schlaufe direkt an die Schürze hängen (ich war es leid, das Küchenhandtuch immer irgendwo in der Küche suchen zu müssen, um mir die Hände abzutrocknen).

So eine selbst genähte Schürze ist übrigens auch ein schönes Geschenk, beispielsweise zusammen mit einem Kochlöffel und einem Kochbuch.

Mit vollem Mund spricht man nicht?

Man sagt doch immer: »Sei ein gutes Vorbild, dann klappt das mit den Tischmanieren automatisch.« Warum muss ich trotzdem immer und immer wieder auf die kleinen Benimmregeln hinweisen? Ich will ganz sicher keine aufrecht sitzenden Zinnsoldaten, die mit gespreiztem kleinem Finger die Gabel zum Munde führen. Aber es gibt da eben doch die eine oder andere Regel. Da der Kindergarten meiner Kinder noch als einer der letzten (altmodischen, was für ein Glück) Kindergärten darauf bestand, eine gemeinsame Brotzeit mit den Kindern zu machen und nicht die Kinder frei entscheiden ließ, wer wann essen will und ob überhaupt, brachten meine Kinder doch den einen oder anderen Spruch mit nach Hause, und so verstaubt solche Sprüche vielleicht auch sein mögen, sie bleiben im Gedächtnis, sind lustig, und so wird Benehmenlernen fast zu einem Spiel.

Unsere gesammelten Sprüche:

»Ellenbogen, Ellenbogen, sei doch nicht so ungezogen, auf dem Tisch darfst du nicht sein, alle Kinder essen fein!«

»Schlürfen, Rülpsen, Schmatzen
Nicht gewaschne Bratzen (das ist Bayerisch und heißt Hände)
Hängen in den Teller
Schlingen immer schneller
Könnt ihr gleich vergessen beim Essen.«

Und dann gibt es ja noch die Guten-Appetit-Sprüche, ein Ritual, das alle Kinder gerne mögen. Der bekannteste Spruch ist wohl folgender:

»Piep, piep, piep, wir ham uns alle lieb.
Piep, piep, piep – guten Appetit.
Jeder isst so viel er kann, nur nicht seinen Nebenmann.
Und wir nehmen's ganz genau – auch nicht seine Nebenfrau.«

Und damit man auch mal abwechseln kann:
»Der Teller voll – mein Magen leer
Ich hab Hunger, und zwar sehr
Der Teller leer – mein Magen voll – toll.«
(Der ist von uns.)

Schön ist auch ein Dankgebet, da wird auch den Kindern bewusst, dass es gar nicht so selbstverständlich ist, immer einen gedeckten Tisch voll mit Essen vor sich zu haben. Was für ein Glück!

»Komm, Herr Jesu, sei unser Gast und
segne, was du uns bescheret hast. Amen.«

»Jedes Tierlein hat sein Essen, jedes Blümlein trinkt von Dir,
hast auch unser nicht vergessen. Lieber Gott, wir danken Dir.«

Räubertag

Natürlich ist es schön, »schön« zu essen. Ob die Kinder den Unterschied von »in den Teller hängen« und »nicht in den Teller hängen« oder »schmatzen« und »nicht schmatzen« schon kennen, wird einem eigentlich erst dann bewusst, wenn das Kind aus dem Kindergarten kommt und erzählt: »Mami, der Lukas schmatzt immer so beim Essen.« Oder: »Guck mal, der Mann da drüben an dem Tisch, der fällt ja fast in den Teller.«

Da es auch für die Kinder nervig ist, oft beanstandet zu werden, führten wir den sogenannten Räubertag ein. Das war der Mittwoch. Da durfte man so essen, wie man wollte, und niemand durfte etwas dagegen sagen. So genügte an anderen Tagen oft schon der Satz: »Haben wir heute etwa Mittwoch?«

Apropos Räuber. Bei uns gibt es auch den »Räuberteller«, den bestellt sich unsere Jüngste immer, wenn wir in ein Restaurant gehen. Wir haben festgestellt, dass uns zu viert drei Portionen absolut ausreichen. Und so bestellt sich Paulina ihren Räuberteller – das ist ein leerer Teller – mit der Erlaubnis, sich von allen anderen Tellern am Tisch die Dinge zu räubern, die sie mag.

Kochen leicht gemacht

Kinder haben und gleichzeitig einen Haushalt führen, das ist der einzig wahre Fulltimejob der Welt – allerdings auch der schönste, den ich mir denken kann. Jeden Tag stellt man sich wieder der Frage: »Was koche ich heute?« Dabei sind mehrere Dinge zu beachten: Wem schmeckt was? Was gab es diese Woche schon alles (man will sich ja nicht nur von Nudeln mit Ketchup ernähren)? Wie viel Zeit habe ich zum Kochen zwischen Kinder abholen, essen und

Kinder weiter zum Geburtstag, Ballett oder Klavierunterricht fahren? Um die Antworten auf diese Fragen ein wenig zu erleichtern, gebe ich Ihnen hier ein paar Tipps: Hängen Sie sich eine Tafel in die Küche, auf die am Sonntag die Gerichte der ganzen Woche aufgeschrieben werden. So müssen Sie nur einmal überlegen und können ganz gezielt einkaufen.

Wunschtage: Jeder aus der Familie bekommt einen Tag die Woche einen Wunschtag. An diesem darf sich der Wünscher ein Gericht bestellen. Somit müssen Sie sich an diesen Tagen nichts selbst ausdenken, und einem am Tisch schmeckts schon mal auf jeden Fall.

Wochenplan: Teilen Sie die Woche ein. Montag: Suppentag, Dienstag: Nudeltag, Mittwoch: Fleischtag, Donnerstag: Reistag, Freitag: Fischtag. Samstag und Sonntag kann man gemeinsam kochen, auf was man Lust hat.

Das Mix-Max-Buch

Kennen Sie diese Bücher? Sie sind in drei Teile zerschnitten: oben, Mitte und unten. Normalerweise handelt es sich um Bilderbücher, die sehr lustig sind, da man verschiedene Köpfe mit unterschiedlicher Kleidung und verschiedenen Schuhen oder Füßen mixen kann. Hier geht es allerdings darum, diese Idee für ein Kochbuch umzusetzen.

Der Kopf ist die Vorspeise, der Bauch die Hauptspeise und die Füße sind die Nachspeise. Sie verstehen?! Man benötigt ein Ringbuch, schneidet die Seiten in drei Teile und klebt alle Rezepte aus Zeitschriften, Kochbüchern, von Tante Hildegard oder Oma Radieschen auf. So kann man sich sein individuelles Menü zusammenstellen. Das macht auch den Kindern Spaß.

Einkaufen leicht gemacht

Man höre und staune: Selbst Einkaufen mit Kindern kann Spaß machen!!! Lassen Sie doch mal Ihre Kinder die Einkaufsliste schreiben oder malen. Setzen Sie sich mit den Kindern zu Hause an den Tisch mit einem Stift und einem Papier und überlegen Sie gemeinsam, was Sie brauchen. Lassen Sie das Kind im Kühlschrank nachsehen: Ist noch genug Milch da? Wie sieht es mit Obst aus?

Mit der Liste geht es in den Supermarkt, und Sie werden staunen, wie eifrig Ihr Kind mit dem Einkauf beschäftigt ist. Größere Kinder kann man auf die Preise aufmerksam machen, oder man macht sogar ein Rechenspiel daraus. Lassen Sie Ihre Kinder vor der Kasse mal schätzen, wie viel der Einkauf kostet. Geben auch Sie selbst einen Tipp ab. Wer am nächsten dran ist, hat gewonnen.

Oder wie wäre es mit einem Einkaufswettrennen mit zwei Einkaufswagen oder -körben. Sie sind die eine Mannschaft, die Kinder die andere. Jeder hat eine Liste mit ungefähr derselben Anzahl an Produkten. Auf los gehts los, und man trifft sich an der Kasse wieder. Wer schneller ist, hat gewonnen.

Kleine Küchenhelfer

Küchenarbeit kann auch Spaß machen. Binden Sie Ihre Kinder, sooft es geht, spielerisch mit ein. Und lehnen Sie Hilfsangebote der Kleinen niemals ab – es findet sich immer etwas.

Töpfe spülen, Salat waschen, Gurke schneiden ... je nach Alter können die Aufgaben auch anspruchsvoller werden. Ganz kleine Kinder sitzen auch gern in der Küche mit dabei, wenn Mami oder Papi kochen. Geben Sie Ihrem Kleinkind doch ein Tablett auf den Boden, auf dem einige Kunststoffdosen stehen und Löffel oder eine Schöpfkelle. In den Dosen befinden sich Bohnen oder Sand, den das Kind von einem Gefäß in das andere löffeln oder schöpfen kann. Aber auch kleinere und größere Kunststoffdo-

sen sind toll, um sie ineinanderzustapeln. Oder Töpfe mit Deckeln: Welcher Deckel passt auf welchen Topf? Die Küche ein Spielparadies!
Aus Bohnen lassen sich übrigens auch schöne Mandalas legen.
Passen Sie nur auf, dass Ihr Kind keine Bohnen oder Ähnliches in den Mund nimmt oder gar verschluckt!

Gehirnjogging für die Küche

Sie sind der Meinung, als Hausfrau oder Hausmann versauert Ihr Gehirn? Falsch gedacht!
Ein Rezept einmal lesen, auswendig kochen, und das auch noch, während man einem Kind bei den Hausaufgaben hilft und das andere sich inzwischen im Bad die gesamte Cremedose in die Haare geschmiert hat. Dann sind Sie wirklich ein Meister des Gehirnküchenjoggings!

Doch nun gehts los:
Das Suppenschüsselmobil startet!

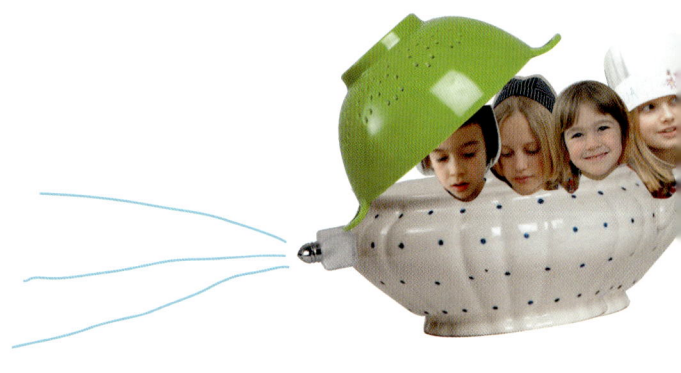

Buon Appetito

Eintrag ins Logbuch:
Wir legen eine nudelweiche Landung hin – im Herzen Italiens! Mitten auf dem Stiefel! Attenzione, attenzione – anschnallen, prego. Wir landen in Italien! Bella Italia, attenzione, attenzione!!

Ciao! Come stai?
Wie gehts?
Buongiorno...

Italien! Ein absolutes Kinderland, nicht nur, was das Essen betrifft. Ich kenne kaum ein Land, das so kinderfreundlich ist wie Italien. Und natürlich suchen wir uns hier zwei absolute Kinderklassiker aus, wie könnte es anders sein: Nudeln und Pizza!!! Andiamo!

Wo wachsen eigentlich Nudeln?

Das ist wie mit dem Geld: Hat man keines mehr im Geldbeutel, geht man zu einem Automaten, die stehen doch überall rum. Und hat man keine Nudeln mehr im Haus, was einer mittleren Katastrophe gleichkommt, geht man in den Supermarkt, da wachsen die in Tüten nach. Grund genug, den Kindern mal zu zeigen, dass man Nudeln auch selbst machen kann. Und das ist gar nicht mal so schwer. Aber man sollte Nudeln nur dann selbst machen, wenn man ein bisschen Zeit hat, dann ist das durchaus entspannend und macht wirklich Spaß. Man knetet, füllt und formt so vor sich hin.

Tortellini di magro
(Gefüllte Nudeltaschen mit Ricotta)

Viel braucht man nicht! Alles miteinander verkneten, aber das gut. Kneten ist das A und O, denn beim Kneten wird das Gluten im Mehl aktiviert und macht den Teig fest und doch geschmeidig – eben genau richtig. Also kneten Sie, kneten Sie! 30 Minuten ruhen lassen oder einfach am Vortag kneten für den nächsten Tag.

1. Den aufgetauten Spinat abgießen. In eine Schale geben, den Ricotta dazugeben und mit einem Löffel zerdrücken.
2. Das Ei und eine Prise Muskatnuss daruntermischen und den Parmesan ebenfalls darunterheben. Nachsalzen. Fertig ist die Füllung.
3. Teig so dünn es geht ausrollen (oder durch eine Nudelmaschine drehen, wenn Sie zufällig oder absichtlich eine Nudelmaschine im Haus haben oder jemanden kennen, der jemanden kennt, der eine Nudelmaschine hat und sie Ihnen leihen würde. Aber die Anschaffung von einer kleinen Nudelmaschine kann ich nur empfehlen, wenn Sie Nudeln genauso lieben wie meine Familie und ich).
4. Den Teig mit einem Messer oder einem kleinen Teigroller in 6 x 6 cm große Quadrate schneiden, 1/2 Teelöffel Füllung daraufgeben und die Teigecken wie eine kleine Tasche zusammenbringen und zusammendrücken. Kanten ebenfalls zusammendrücken.
5. Gefüllte Teigtaschen im kochenden Salzwasser ca. 8 Minuten kochen lassen!

Mit Parmesan schmecken diese Nudeln ganz köstlich fantastico delicioso gustoso che buono! Diese Nudeln kann man außerdem auch mit Hackfleisch, Gemüse oder einfach nur Käse füllen, wie man es mag.

(50 min + 30 min Ruhezeit)

Grundrezept für den Nudelteig für ca. 4 Personen

300 g Weizenmehl
Salz
3 Eier

Für die Füllung

1 kg aufgetauter, klein gehackter TK-Spinat
300 g Ricotta
1 Ei
geriebene Muskatnuss
150 g Parmesan
Salz

Als Hauptspeise Pizza mit allem

Das macht Spaß! Den Hefeteig bereite ich schon vor, wenn die Kinder in der Schule sind. Der geht dann langsam und genüsslich vor sich hin (als Kind wollte ich immer unter das Tuch in den Topf schauen, ich wollte den Teig unbedingt mal »gehen« sehen, aber leider hat es nie geklappt).

1. Das Mehl in eine Schüssel geben, mit den Fingern eine Mulde in die Mitte drücken.
2. Die Hefe zwischen den Fingern zerbröckeln und in die Mehlmulde streuen.
3. Mit dem Stiel eines Rührlöffels die Hefe mit etwas von dem lauwarmen Wasser und etwas Mehl vom Rand zu einem Brei mischen.
4. Etwas Mehl auf die Oberfläche dieses Hefevorteiges stäuben und mit einem Tuch bedeckt 15–20 Minuten gehen lassen, am besten auf einer warmen Heizung oder in der Sonne.
5. Ist der Hefevorteig lange genug gegangen, zeigt die Mehlschicht auf der Oberfläche deutlich feine Risse.
6. Den Hefeteig mit dem gesamten Mehl, dem restlichen Wasser und dem Salz mit einem Knethaken mischen und so lange gut durchkne-

(15 min + Ruhezeiten 20 min + 45 min + 30 min Backzeit)

Rezept für Hefeteig für 6 Personen
(wir waren zwei Erwachsene und vier Kinder, allerdings alle ziemlich hungrig)

800 g Mehl
40 g Hefe
275 ml lauwarmes Wasser
1 TL Salz
4 EL weiche Butter

ten, bis sich der Teig vom Schüsselrand löst. Bleibt er kleben, einfach noch etwas Mehl zugeben.

7. Den Teig liebevoll herausnehmen (der Hefeteig mag das gar nicht, wenn er so nebenbei gemacht wird, man muss sich schon ein wenig um ihn kümmern, aber dafür wird er dann auch locker, leicht, flockig, wie wir immer zu sagen pflegen).

8. Jetzt den Teig in eine Schüssel geben und mit einem Tuch an einer warmen Stelle mindestens 45 Minuten gehen lassen. Der Teig muss so lange gehen (bis er angekommen ist), bis sich sein Volumen verdoppelt hat.

9. Pizzen formen, belegen und bei 220 °C ca. 30 min backen!

Und noch eine Pizza

Es gibt übrigens auch einen leckeren Nichthefepizzateig, den möchte ich Ihnen auch nicht vorenthalten. Geht schneller, weil er keine Zeit zum Gehen braucht, und schmeckt mindestens genauso gut.

(20 min + 10 min Backzeit)

Dazu braucht man

250 g Mehl mit etwas Backpulver vermischt
50 g zimmerwarme und gewürfelte Butter oder Margarine
1 Ei
100 ml Milch

1. Backofen auf 200 °C vorheizen. Backblech einfetten.
2. Mehl mit Backpulver in eine Schüssel geben, die Butter dazugeben und alles mit den Händen oder dem Handmixer gut verkneten.
3. Dann das Ei und so viel Milch darunterrühren, bis es ein glatter Teig wird, der nicht klebt.
4. Pizza formen oder auf dem Backblech ausrollen. Sugo (Rezept siehe unten) und den gewünschten Belag darauf verteilen, in den Ofen schieben und ca. 10 Minuten backen, fertig!

Jeder knetet sich eine eigene kleine Pizza. Damit sie schön dünn wird, werfen wir sie ein bisschen herum – na ja, nicht direkt herum, aber die echten Pizzabäcker werfen ihren Pizzateig auch immer in die Luft wie eine Frisbeescheibe.

Wir haben Glück, alle Pizzen kommen wieder unten an, keine bleibt an der Decke kleben.
Auf den Tisch haben wir sämtliche Zutaten in kleine Schälchen gestellt, da ist für jeden was dabei. Einen Löffel Sugo ...

Rezept für Sugo

1. Das Öl in einem kleinen Topf erhitzen, die Zwiebeln schälen, würfeln und darin anbraten.
2. Nach und nach das Tomatenmark und die geschälten Tomaten aus der Dose hinzufügen, köcheln lassen, mit den Gewürzen abschmecken, fertig.

Wenn Sie nicht so viel Zeit haben, können Sie auch einen Fertigsugo nehmen, da gibt es wirklich sehr leckere!

Im vorgeheizten Backofen bei 220 °C ca. 30 Minuten backen!

Zutaten

Etwas Öl
2 Zwiebeln
2 EL Tomatenmark
1 Dose geschälte Tomaten

2 TL Oregano
Thymian, Basilikum, Salz und Pfeffer
– evtl. 1 Lorbeerblatt

(10 min)

Kunst

Bis die Pizza fertig ist, werden wir Künstler. Sagt Ihnen der aus Mailand stammende Maler Giuseppe Arcimboldo etwas? Die Porträts aus Gemüse, Blumen oder Früchten? Da wir zufällig einen großen Korb mit verschiedenen Gemüsesorten herumstehen haben, machen sich die kleinen Arcimboldi gleich an die Arbeit!

Fumi meint dazu: »Nebenbei lernen die Kinder auch mal alle Gemüsesorten mit ihren richtigen Namen kennen. Die Auberginennase, der Zucchinimund, die Petersilienhaare, die Knoblauchnase – und was man erst mal angefasst hat und womit man Spaß und Freude verbindet, kann man ja auch durchaus mal verkosten.«

Noch mehr Kunst gefällig?
Wie wäre es mit Nudelbildern?

Ja, ich weiß, mit Nudeln spielt man nicht. Aber wie könnte man einer Speise besser Respekt zollen, als sie in ein Kunstwerk zu verbraten und an die Wand zu hängen. Seien Sie doch mal ehrlich: Wenn Sie eine Nudel wären und Sie hätten die Wahl, würden Sie lieber verschlungen oder an der Wand bewundert werden?

Und was Sie unbedingt noch über Nudeln wissen sollten: Wenn Sie sie selbst machen, dann nicht an Regentagen. Gute Köche meinen, da wird der Teig nichts, denn die Feuchtigkeit macht ihn widerspenstig. Da sieht man es wieder, diese Nudeln sind aber auch gar nichts gewöhnt ... kommen eben doch aus dem schönen Italien, wo meistens die Sonne scheint!

Da klingelt schon unsere Pizza, und wir lassen sie uns schmecken. Selbst gemacht ist sie doch am besten – finden zumindest wir.

Und dann kommt auch schon der Nachtisch, und wie man so als erfahrener Fernsehkochgucker immer sagt: »Ich hab da schon mal was vorbereitet!« Aber diesen Nachtisch haben wir wirklich schon am Tag zuvor mit den Kindern gemeinsam gemacht.
Dieses Tiramisu ist wirklich für Kinder, denn da ist weder Alkohol noch Kaffee drin. Und das Tollste ist, den Erwachsenen schmeckt es auch!

Italien

(25 min Auftauzeit +
15 min +
min. 3 h Kühlzeit)

Zutaten für
4 bis 6 Personen

(Kommt ganz drauf an, wie groß die Schälchen sind. Wir richten unser Kindertiramisu in Weingläsern an. Dazu mussten wir allerdings die Biskuits klein schneiden. Legen Sie die Zutaten in eine größere Schale, kann man die Biskuits im Ganzen hineinlegen.)

1 Packung
TK-Himbeeren
(oder andere Früchte)
4 Eier
Zucker
500 g Mascarpone
300 g Löffelbiskuits

Tiramisu per i bambini

1. Die Himbeeren auftauen. Den Saft, der dabei entsteht, in einen Suppenteller abgießen.
2. Die Eier aufschlagen und trennen. Nun das Eigelb mit 4 EL Zucker mit dem Schneebesen oder einem Elektroquirl schaumig schlagen.
3. Den Mascarpone hinzufügen, gründlich mit der Eimasse vermischen.
4. Das Eiweiß sehr steif schlagen und vorsichtig mit einem Holzlöffel unterheben.
5. Den Himbeersaft etwas zuckern, und nun die Löffelbiskuits einzeln kurz in die Flüssigkeit tauchen, sodass sie sich vollsaugen können. Dann herausnehmen und auf den Boden der ausgewählten Form legen.
6. Auf dieser ersten Schicht eine Schicht Mascarpone verteilen, darauf erneut in Himbeersoße getauchte Biskuits legen, auf diese eine Schicht Beeren geben und so weiter: Biskuits, Mascarponecreme, Biskuits, Waldfrüchte usw.
7. Die Speise einige Stunden oder sogar über Nacht in den Kühlschrank stellen.
8. Mit einem Minzeblatt, einer Beere oder etwas Ähnlichem dekorieren.

Ich muss noch schnell die Pizza fertignähen!

Wie doof klingt das denn? Ich muss noch schnell die Pizza fertignähen! Aber was soll man machen? Da lagen so verlockend mitten im Italienthema Stoffreste rum, die mich farblich an eine Pizza und deren Belag erinnerten. Und schwupps saß ich schon an der Nähmaschine und nähte mit Feuereifer an einer Pizza mit Belag.

Kinder lieben es, im Spiel eine Pizzabestellung aufzunehmen oder sich selbst eine Pizza nach eigenen Wünschen zu belegen. Ob aus Stoff oder einfach aus Papier – auswählen, legen, verändern, das macht immer Spaß.

→ Schon mal ein Geschenk in einem Pizzakarton verpackt? ←

Was braucht man dazu?
- 1 Teller
- Stoffe in Pizzateigfarbe, Salamifarbe, Olivenfarbe, Tomatenfarbe, Peperonifarbe usw.
- Bleistift oder Nähkreide
- evtl. Vlies für die Pizza, dann sieht der Teigboden echter aus

1. Mit einem Teller oder einem anderen runden Gegenstand gewünschte Pizzagröße ausschneiden. Dazu einfach den Teller auf den Pizzateigstoff legen, mit Bleistift oder Nähkreide darum fahren und ausschneiden. Das Ganze noch einmal, falls Sie den Pizzaboden doppeln wollen, legen Sie ein Vlies dazwischen, dann sieht es dicker aus.

2. Jetzt einen zweiten kleineren Kreis auf die »Pizza« zeichnen, Vlies zwischen zwei »Teigböden« an der Maschine rundherum absteppen. Und noch einmal den Innenkreis absteppen – das ergibt dann einen schönen knusprigen Pizzarand.

3. Jetzt einzelne Beläge nähen: Vieles kann man einfach ausschneiden, ohne zu nähen. Bei den Tomaten und den Peperoni habe ich mir die Mühe gemacht, sie mit Zickzackstich abzusteppen, um der Tomate so noch ihr typisches Aussehen zu verleihen.

Wir sagen "Grazie" und "Ciao", "Arrivederci" und steigen wieder in unser Suppenschüsselmobil.

INDIEN

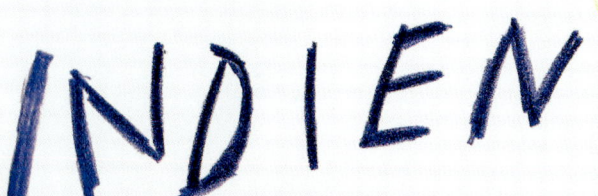

Eintrag ins Logbuch: Wir fliegen weiter über die Welt, und plötzlich sticht uns ein Land ins Auge, es leuchtet richtig!
Die Mannschaft staunt: »Diese Farben ... diese fröhlichen Farben, das kann nur Indien sein!«

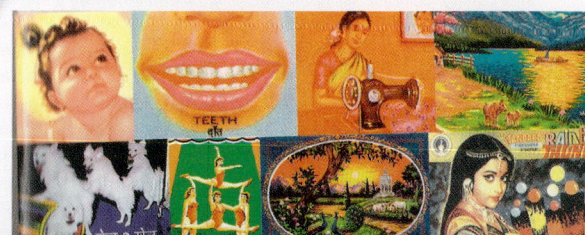

Indien

Wir werden mit Blumenketten empfangen und mit einem freundlichen »Namaste«.

Dabei verneigt sich unser Gegenüber leicht, und die Handinnenflächen werden in der Nähe des Herzens zusammengeführt. Dies ist die Grußgeste in Indien. Das Wort »Namaste« kommt ursprünglich aus dem Sanskrit. Sanskrit ist eine uralte Sprache, die vor allem im Hinduismus eine große Rolle spielt, und Namaste bedeutet sinngemäß übersetzt: »Ich verbeuge mich vor dir.« Genauer meint es wohl: »Ich verehre in dir den göttlichen Geist.« Na ja, dann heißt das ja fast so viel wie unser bayerisches »Grüß Gott«. (Ich werde ab jetzt auch dabei meine Hände zusammenschließen und mich leicht verneigen – das ist einfach eine wunderschöne Geste. Mal sehen, was die Bayern dazu sagen.)

MANDALA

Mulligatawny

Eigentlich handelt es sich bei dieser Suppe um eine Hühnersuppe, die wir aber aufgrund unserer Menüzusammenstellung mit Tandoori in eine Garnelensuppe umgewandelt haben. Wer partout keine Garnelen mag, kann diese durch 300 g Hähnchenbrustfilet ersetzen.

(Tandoor ist eigentlich die Bezeichnung für einen traditionellen Ofen aus Ton, in dem Fladenbrot, aber auch Huhn und Fisch zubereitet werden, die dadurch ein einzigartiges, rauchiges Aroma erhalten.

1. Zwiebel und Knoblauch schälen und fein würfeln.
2. Ingwer schälen und fein hacken.
3. Möhren schälen und in kleine Würfel hacken.
4. Tomaten enthäuten und in Würfel schneiden.
5. Die Butter in einem Topf erhitzen und das Gemüse darin andünsten.
6. Die Garnelen (alternativ: Hähnchenbrustfilet), Knoblauch, Ingwer sowie die gemahlenen Gewürze dazugeben und kurz unter Rühren anbraten.

(1 h 10 min)

Für 4 Personen

1 Zwiebel
1 Knoblauchzehe
1 Stück frischer Ingwer (2 cm)
2 Möhren
2 Tomaten (alternativ: Tomatenstücke aus der Dose)
3 EL Butter
300 g geschälte Garnelen (oder in kleine Würfel geschnittenes Hähnchenbrustfilet)
jeweils ½ TL Kurkuma (Gelbwurz), gemahlener Koriander, Kreuzkümmel, Garam Masala
600 ml Hühnerbrühe (aus dem Glas oder als Brühwürfel)
Salz, Pfeffer
100 ml Kokosmilch
3 EL Mandelblättchen
2 EL Zitronensaft
gehackter, frischer Koriander

7. Mit der Hühnerbrühe angießen, salzen, pfeffern und zugedeckt bei leichter Hitze 45 Minuten köcheln lassen.
8. Die Kokosmilch dazugießen, weitere 5 Minuten köcheln lassen.
9. Die Mandelblätter in einer Pfanne ohne Fett leicht anrösten und kurz vor dem Servieren mit dem Zitronensaft und dem Koriander auf der Suppe anrichten.

Zu dieser Suppe passt wunderbar etwas Linsenreis oder auch das indische Brot Naan.

Linsenreis

1. Den Reis nach Packungsanweisung mit Salz garen.
2. In der Zwischenzeit den Ingwer schälen und fein hacken.
3. Die Butter in einer großen Pfanne erhitzen, Senfkörner, Kreuzkümmel, Linsen, Curryblätter unter Rühren anbraten, bis die Senfkörner anfangen zu springen.
4. Erdnüsse und Ingwer dazugeben und weitere 3 Minuten braten.
5. Den fertig gegarten Reis unterrühren, mit Kurkuma gut vermischen und mit Salz und Zitronensaft abschmecken.

(30 min)
Für 4 Personen

250 g Basmatireis
Salz
1 Stück frischer Ingwer (1 cm)
2 EL Butter
1 TL Senfkörner
½ TL gemörserter Kreuzkümmel
1 EL Urad-Linsen (gekocht)
8 Curryblätter (im Asialaden erhältlich)
3 EL ungesalzene Erdnüsse
½ TL Kurkuma (Gelbwurz)
Saft von 1 Zitrone

Naan (Fladenbrot)

1. Die Hefe mit 50 ml lauwarmer Milch in einem Schälchen übergießen und mit dem Zucker bestreuen, 10 Minuten stehen lassen.
2. Den Joghurt mit der restlichen Milch, dem Ei und dem Öl vermischen.
3. Das Mehl in einer Schüssel mit dem Salz und dem Backpulver vermengen.
4. Die Joghurt- und Hefemischung dazugeben und gründlich durchkneten.
5. Mit einem sauberen Geschirrhandtuch abdecken und langsam aufgehen lassen (bis sich der Teig etwa verdoppelt hat).
6. Den Backofen auf 225 °C vorheizen.
7. Den Teig nochmals durchkneten, in 10 Portionen aufteilen und in runde Fladen ausrollen (etwa 1/2 cm dick).
8. Die Fladen auf ein mit Backpapier ausgelegtes Backblech legen und im Ofen in ca. 5–6 Minuten hellbraun backen, umdrehen und von der anderen Seite in 3 Minuten fertig backen.
9. Die gebackenen Brote in ein Geschirrtuch einschlagen und warm halten, bis alle Brote gebacken sind.

(25 min + 1 h Wartezeit + 9 min Backzeit)

Für ca. 10 Stück

20 g frische Hefe
150 ml Milch
½ TL Zucker
150 g Joghurt
1 Ei
2 EL Pflanzenöl
500 g Weizenmehl
1 TL Salz
1 TL Backpulver

Tandoori-Huhn

1. Die Hähnchenschenkel enthäuten, waschen, trocken tupfen und jedes Fleischstück mehrmals einschneiden.
2. Die Schenkelchen mit Zitronensaft und Salz einreiben und 15 Minuten marinieren.
3. Den Ingwer und den Knoblauch schälen, fein hacken und mit den restlichen Gewürzen unter den Joghurt rühren. Salz und Pfeffer erst vor dem Braten dazugeben.
4. Die Hähnchenschenkel mit der Joghurtsoße gut einreiben und zugedeckt im Kühlschrank 5–6 Stunden (oder über Nacht) ziehen lassen.
5. Den Ofen auf 180 °C vorheizen und die Hähnchenstücke auf ein mit Alufolie ausgelegtes Backblech legen.
6. Das Fleisch salzen und pfeffern und etwa 40 Minuten garen. Dabei ab und zu mit der Bratenflüssigkeit begießen.
7. Mit Zitronenspalten anrichten, verschiedene Chutneys oder Raitas (Joghurtsoßen) dazu reichen und mit Naan oder gelbem Linsenreis servieren.

(Eventuell am Abend vorher vorbereiten!)

(25 min + 6 h + 40 min Garzeit)

Für 4 Personen

4 Hähnchenschenkel
4 EL Zitronensaft
Salz
1 Stück frischer Ingwer (ca. 1 cm)
1 Knoblauchzehe
je 1 TL gemahlener Koriander, Kreuzkümmel, Garam Masala (im Asialaden erhältlich)
1 kleine Prise Kurkuma (Gelbwurz)
300 g Joghurt
Pfeffer
Zitronenspalten zum Anrichten

Bananen-Raita

1. Die Banane halbieren, in ½ cm breite Scheiben schneiden und unter den Joghurt mischen.
2. Das Öl in einer Pfanne erhitzen, die Senfkörner und die Curryblätter 1 Minute leicht anrösten.
3. Die Kokosflocken und die Gewürze unter die Joghurt-Bananen-Mischung rühren und ca. 1 Stunde im Kühlschrank ziehen lassen.

(5 min + 1 h Kühlzeit)

1 weiche, nicht zu reife Banane
250 g fetter Joghurt
2 EL Pflanzenöl
½ TL Senfkörner
8 Curryblätter (im Asialaden erhältlich)
100 g gehobelte Kokosflocken

Koriander-Chutney

1. Den Koriander waschen, trocken tupfen und die Blätter abzupfen.
2. Die Korianderblätter mit den restlichen Zutaten außer dem Salz und dem Zucker mit einem Stabmixer pürieren.
3. Das Chutney mit Salz und Zucker abschmecken und ca. 1 Stunde im Kühlschrank ziehen lassen.

(5 min + 1 h Kühlzeit)

100 g frischer Koriander
1 Knoblauchzehe
2 EL Zitronensaft
¼ TL Kreuzkümmel
6 EL fetter Joghurt
Salz
Zucker

Süßsaures Tomaten-Chutney

(45 min + 1 h Kühlzeit)

1 Knoblauchzehe
1 Stück frischer Ingwer (2 cm)
½ TL Kurkuma (Gelbwurz)
1 TL gemahlener Kreuzkümmel
8 EL Weißweinessig
2 EL Pflanzenöl
1 TL Senfkörner
500 g reife enthäutete und gewürfelte Tomaten (alternativ: Tomatenstücke aus der Dose)
Salz
10 getrocknete, entkernte Datteln
Zucker

1. Knoblauch und Ingwer schälen, fein hacken und mit Kurkuma, Kreuzkümmel und 6 EL Essig vermischen.
2. Das Öl in einer Pfanne erhitzen, darin die Senfkörner zum Platzen bringen, mit dem Essigsud ablöschen und den Essig verdampfen lassen.
3. Mit 2 EL Essig aufgießen, die Tomatenstücke dazugeben, salzen und 20–25 Minuten bei milder Hitze einkochen lassen.
4. Die Datteln in feine Streifen schneiden, zum Chutney dazugeben und weitere 10 Minuten köcheln lassen.
5. Mit Zucker und Essig abschmecken.
6. Das Chutney vor dem Servieren abkühlen lassen.

Mangosahne

Für 4 Personen:

(10 min + 1 h Kühlzeit)

2 reife Mangos
150 g Schlagsahne
3 TL Zucker
1 Vanilleschote
2 EL gehackte Pistazienkerne

1. Die Mangos schälen, entsteinen und das Fruchtfleisch mit einem Pürierstab fein pürieren.
2. Die Sahne mit dem Zucker und dem herausgekratzten Vanillemark steif schlagen.
3. Das Mangomus vorsichtig unter die Vanillesahne ziehen und für 1 Stunde zugedeckt in den Kühlschrank stellen.
4. In Schälchen verteilen und mit gehackten Pistazienkernen bestreut servieren.

Die Legende vom Reis

Sissa ben Dahir, ein Brahmane, soll das Schachspiel erfunden haben. Der König von Indien war so begeistert, dass er den Erfinder aufforderte, sich eine Belohnung für dieses wundervolle Spiel auszusuchen. Der Brahmane war ein kluger Mann, der auch gut rechnen konnte, und so sagte er: »Oh, mächtiger König, lege ein Reiskorn auf das erste Feld des Schachbretts, auf das zweite zwei, auf das dritte zweimal zwei, also vier, und so auf jedes Folgende noch einmal so viel als auf das vorhergehende.«

Der König war begeistert über diese bescheidene Bitte. Als er aber seinem Schatzmeister den Befehl gab, die Reiskörner zu zählen, zeigte es sich schnell, dass er die Wirkung unterschätzt hatte. Um die 64 Felder des Schachbretts in der verlangten Weise zu belegen, würden 18.446.744.073.709.551.615 Reiskörner nötig sein!

Windlichter

Was braucht man?
- Leere Marmeladengläser
- Seidenpapier
- Bänder (Lederbänder, Bastbänder oder Ähnliches – auch bunter Draht sieht hübsch aus)
- Perlen
- Kleber, Schere
- Teelichter

Und so gehts
Marmeladenglas auf das Seidenpapier legen, so die Größe ausmessen, mit Bleistift anzeichnen und zurechtschneiden. Die Kanten und die Überlappung des Papiers mit Kleber am Glas festkleben (nicht zu viel Kleber verwenden, sonst dringt er durch das dünne Papier durch).

Jetzt auf die Enden des Bandes Perlen auffädeln, das Band um das Glas herumschlingen – Windlicht hineinstellen, fertig!

Mit einem indischen Tanz und etwas Yoga zur Entspannung verabschieden wir uns von diesem nicht mehr ganz so fremden Land und bedanken uns mit einem

»Shukhriya und Kripaya – Alvida tata – auf Wiedersehen und tschüss!«

Schlaraffen-land

Eintrag ins Logbuch: Wir landen in einer unbekannten Zone, die auf keiner Karte zu finden ist. Aber in großen Buchstaben, die aus Zuckerguss, Kuchen und Lollis geformt sind, kann man den Namen dieses Landes lesen: Schlaraffenland! Die Crew ist gespannt und neugierig, das will sich niemand entgehen lassen.

Da gibt es ein Land, da sind die Häuser gedeckt mit Pfannkuchen, die Türen aus Lebkuchen und die Wege gepflastert mit Butterkeksen, die Zäune aus Lollis und die Bäume voll Liebesäpfel. Und in den Flüssen fließt Honig und in diesen schwimmen die Fischstäbchen und springen einem direkt in den Mund.

Süßkram für alle?!

Wie viel Süßkram darf mein Kind? Würde es immer weiteressen, wenn es dürfte? Wird die Lust auf süße Sachen nicht noch größer, wenn ich sie ihm verbiete?

Vielleicht brauchen Kinder einfach mehr Zucker als Erwachsene! Und haben wir nicht auch manchmal richtige Schokoladengelüste? Also ist zum Beispiel ein »süßer Samstag« pro Woche auch nicht die Antwort auf diese Fragen, denn der akute Heißhunger auf Süßes lässt sich schwer auf Samstag verschieben. Vielleicht haben wir am Samstag gar nicht unbedingt Lust auf Süßes, aber müssen die Gummibärchen trotzdem verschlingen, weil ja morgen schon wieder Sonntag ist und wir sonst wieder bis zum nächsten Samstag warten müssen!

Fumi: Ich finde es erstaunlich, wie viel Wirbel bei uns in Deutschland um Süßigkeiten gemacht wird. Als wären süße Leckereien das Gefährlichste und Bedrohlichste, das es für unsere Kinder gibt. Ich finde, dass man ruhig etwas entspannter mit dem Süßkram umgehen sollte. Wichtiger ist doch, dass die Kinder auch in dieser Beziehung lernen, auf gute Qualität zu achten. Lieber ein richtig gutes Stück Schokolade genießen als eine ganze Tafel von irgendwas in sich reinstopfen. Genuss sollte hier im Vordergrund stehen, dann hat die Gier, die oft aus Verzicht heraus wächst, keine Chance. Und vergessen Sie nicht das Zähneputzen nach dem Süßigkeitengenuss!

Süßkramfasten

Wir haben immer wieder Zeiten, in denen wir uns beweisen wollen, dass wir auch ohne bestimmte Dinge zurechtkommen. So gibt es immer wieder fernsehfreie Wochen und eben auch eine süßkramfreie Zeit. Das tut gut und ist gar nicht so schwer.

Das Tütchen der Woche

Wie wäre es mit einer Süßkrambar? Füllen Sie verschiedene Bonbons, Fruchtgummis, Nüsse oder Trockenfrüchte in große Gläser. Kaufen

oder basteln Sie zum Beispielaus Geschenkpapier bunte Dreieckstüten. Jeden Sonntag dürfen die Kinder jetzt »einkaufen« wie im Tante-Emma-Laden: zwei hiervon, drei davon ... Gönnen Sie Ihrem Kind ein Tütchen Süßes pro Woche oder einigen Sie sich auf 100 g. Abwiegen macht noch mehr Spaß. Nicht nur, dass sich das Kind auf den Sonntagseinkauf an der Süßkrambar freut, es lernt so auch, sich seine Ration einzuteilen.

Ach, und bitten Sie die Verwandtschaft und Nachbarn doch darum, getrocknetes Obst statt Süßkram zu schenken. Ein leckerer Fruchtsaft, Nüsse oder ein Schälchen Himbeeren wären auch eine Alternative. Ich denke allerdings, eine bestimmte Portion Süßkram gehört in jede Kindheit (flüsternd: und auch in jedes Erwachsenenleben), aber alles in Maßen.

Knusperschokos

Weiß und braun
Einfach zuzubereiten und lecker!!

1. Zuerst die Hälfte der Palminwürfel in ein Wasserbad geben. Das heißt nicht, dass das Wasser badet, das wäre Blödsinn, denn Wasser ist ja schon nass. Aber was ist jetzt eigentlich ein Wasserbad? Man füllt einen Topf mit Wasser, erwärmt dieses und lässt eine Schüssel darin schwimmen, die man hoffentlich auch wieder gut und ohne sich zu verbrennen – deshalb Eltern vor, wenn die Schokolade geschmolzen ist! – herausnehmen kann!
2. Die Hälfte der Palminwürfel also in eine Schüssel geben, diese in einem Topf mit heißem Wasser auf den Herd stellen und die Palminwürfel schmelzen lassen.
3. Die braune Schokolade klein würfeln und hinzugeben. Ist sie geschmolzen, Cornflakes in Portionen in die geschmolzene Schokolade geben. Mit einem Löffel vorsichtig kleine Häufchen auf einer mit Backpapier ausgelegten Fläche formen.
4. Trocknen lassen, dasselbe noch einmal mit der weißen Schokolade wiederholen, fertig!

(12 min + Trockenzeit 1 h)

4 Palminwürfel
375 g Cornflakes
1 weiße Blockschokolade
1 braune Blockschokolade

Sesambällchen

(12 min)

100 g Sonnenblumenkerne
35 g Haselnüsse
100 g Rosinen
100 g getrocknete Datteln
2 EL Butter
1 EL flüssiger Honig
75 g Sesamkörner
20 g Kokosflocken oder Pistazienstückchen zum Wälzen

1. Sonnenblumenkerne mit einem Messer zerkleinern. Nüsse, Rosinen und Datteln klein hacken. Alles in eine Schüssel füllen und vermischen.
2. Die Butter und den Honig unterrühren. Jetzt die Masse zu kleinen Kugeln formen und in einer Mischung aus Sesamkörnern und Kokosflocken oder in gehackten Pistazien wälzen.
3. Sofort essen, verschenken oder im Kühlschrank aufbewahren.

Kokosbällchen (bunte Kugeln)

(10 min + Trockenzeit 1 h)

100 g Butter
90 g Haferflocken
35 g Kokosraspeln
75 g Puderzucker
2 EL Kakaopulver
1 EL Wasser
Kokosraspeln und bunte Zuckerstreusel zum Drinwälzen

1. Alle Zutaten in einer Schüssel vermengen.
2. Aus dieser Masse kleine Kugeln formen und in Kokosraspeln und Zuckerstreuseln wälzen.
3. Fertige Kugeln auf ein Blech mit Backpapier legen und dort trocknen lassen.

Bunte Kekse

1. Mehl, Backpulver, Zucker und Vanillezucker in einer Schüssel gut vermischen.
2. Eier und Butter mit den Knethaken des Handrührgeräts unterkneten.
3. Die Masse mit den Händen zu einem geschmeidigen Teig kneten, als Kugel geformt und in Folie gewickelt für 1 Stunde im Kühlschrank ruhen lassen.
4. Den Teig auf einer bemehlten Arbeitsfläche etwa 3 mm dick ausrollen und mit beliebigen Förmchen Herzen, Blumen, Tiere oder Ähnliches ausstechen.
5. Die Plätzchen auf mit Backpapier ausgelegte Bleche legen und im vorgeheizten Backofen bei 175 °C etwa 10–12 Minuten backen.
6. Für den Zuckerguss den Puderzucker auf beliebig viele Schälchen verteilen (es kommt darauf an, wie viele verschiedenfarbige Glasuren Sie vorbereiten wollen) und mit den verschiedenen Flüssigkeiten zu einem streichfähigen Guss verrühren.
7. Die Plätzchen auskühlen lassen, mit dem Zuckerguss bestreichen und gut trocknen lassen. Zum Bestreichen kann man einem Küchenpinsel verwenden, funktioniert aber auch mit einem Teelöffel, wenn die Glasur gut fließt.

(35 min + Ruhezeit 1 h + Auskühlzeit 15 min)

600 g Mehl
4 TL Backpulver
200 g Zucker
2 Päckchen Vanillezucker
2 Eier
300 g kalte, in Flöckchen geschnittene Butter
Mehl zum Ausrollen

Für den Zuckerguss

250 g Puderzucker
verschiedenfarbige Fruchtsirupsorten (Erdbeere, Waldmeister …) oder Lebensmittelfarbe und Zitronensaft

Aprikose unter der Haube

(10 min)

Für ca. 30 Stück

50 g Cashewkerne
150 g Marzipanrohmasse
250 g (30 Stück) getrocknete weiche Aprikosen
100 g weiße Kuvertüre
getrocknete Cranberrys zum Dekorieren

1. Die Cashewkerne grob hacken und mit dem Marzipan gut verkneten.
2. Die Marzipanmasse zu einer Rolle formen, in 30 Stücke schneiden und jedes zu einem Bällchen formen.
3. Auf jede Aprikose einen Marzipanball drücken.
4. Die Kuvertüre grob hacken und in einem Wasserbad schmelzen (Achtung, es darf wirklich kein einziger Spritzer Wasser in die geschmolzene Schokolade gelangen!).
5. Die weiße Schokolade mit einem Teelöffel über den Marzipanball verteilen (Die Kuvertüre kann gerne auch über die Aprikose fließen.).
6. Jeweils eine Cranberry als Krönung obendrauf setzen.

Schokofrüchtekugeln

(10 min + 3 h Kühlzeit)

Für ca. 25 Stück

ca. 100 g Zartbitterschokolade
2 EL flüssiger Honig
100 g gehackte Trockenfrüchte (Aprikosen, Datteln, Feigen)
50 g geschälte und gehackte Mandeln
Papierpralinenförmchen

1. Schokolade und Honig im Wasserbad schmelzen.
2. Trockenfrüchte und Mandeln unter die Schokoladenmasse ziehen.
3. Die Mischung mit einem Teelöffel in Papierpralinenförmchen (evtl. doppelt gelegt) füllen und im Kühlschrank 3 Stunden fest werden lassen.

Muffins

Die sind so einfach, dass die Kinder sie ganz alleine backen können und dabei auch noch eine ganze Menge lernen:

1. Alle Zutaten miteinander verrühren und in die Muffinformen füllen, vorher diese mit Butter ausfetten oder mit Muffinpapierbacktütchen auslegen.
2. Im vorgeheizten Backofen bei 180 °C 15 – 20 Minuten backen.

Und wir Mütter ratschen (das ist bayerisch und heißt quatschen oder quasseln) inzwischen eine Weile, bis, ja, bis wir die Schüssel ausschlecken dürfen.

Sind die Muffins fertig, dürfen sie noch mit Zuckerguss und allerlei Süßkram verziert werden. Luca stopft rechts und links Schokolinsen in seinen Muffin – ein echtes Geheimversteck!

3. Puderzucker in eine kleine Schüssel geben und mit etwas Zitronensaft vermischen.
4. So viel Saft dazugeben, bis es eine zähe Masse wird. Nimmt man anstelle des Zitronensaftes Fruchtsaft oder Sirup wie Waldmeister, wird der Guss farbig.
5. Den Guss auf die Muffins träufeln und die Dekoration in den Zuckerguss drücken. Fest werden lassen.

(25 min/mit Guss + 10 min)

Grundrezept

60 g Butter
100 g Zucker
2 Eier
180 g Mehl
1 Prise Salz
2 TL Backpulver
1 Päckchen Vanillezucker
etwas Milch, damit der Teig nicht so pappig wird und man ihn schön in die Förmchen füllen kann

Für den Zuckerguss

Puderzucker (eine ganze Menge, also zwei Päckchen würde ich schon raten, denn der schrumpft irgendwie zusammen, wenn er mit Flüssigkeit in Berührung kommt)
Zitronensaft oder Fruchtsäfte
Dekoration nach Belieben (Schokolinsen, Liebesperlen ...)

(15 min + 50 min Backzeit)

Teig
125 g Butter oder Margarine
1 Ei
Salz
100 g Zucker
1 Päckchen Vanillezucker
Abrieb von der Schale einer unbehandelten Zitrone
150 g Mehl
1/2 Päckchen Backpulver

1 Packung TK-Himbeeren (vorher auftauen)

Belag
1 Päckchen Vanillepuddingpulver
500 ml Milch
100 g Zucker
500 g Quark
Saft von 1/2 Zitrone
1 Ei
2 Eigelb
1 Päckchen Vanillezucker
1 Tasse Öl

Sabines Käsekuchen

1. Für den Belag aus dem Puddingpulver, der Milch und 3 EL Zucker einen Pudding kochen (siehe Anleitung auf der Puddingpackung). Abkühlen lassen.

2. Aus den Teigzutaten einen Mürbeteig herstellen, diesen in eine Springform legen.

3. Die Himbeeren gut abtropfen lassen und auf dem Teig verteilen (auch Mandarinen aus der Dose oder Birnen schmecken köstlich).

4. Die restlichen Zutaten für den Belag mit dem Pudding verrühren. Die Masse auf den Teigboden geben und glatt streichen.

5. Im vorgeheizten Backofen ca. 50 Minuten bei 180 °C backen.
Der Kuchen ist fertig, wenn er einen festen Eindruck macht und nicht mehr »schwabbelt«.

Gugelhupf

Der Begriff Gugelhupf bedeutet »hochgehobene Kugel«. Die Legende besagt, dass das Rezept für diesen Napfkuchen und die Kuchenform von einem Töpfer mit Namen Kugel stammen, der es von den Heiligen Drei Königen für seine Gastfreundschaft erhielt.

Das erinnert mich immer an meine Kindheit und das österreichische Fernsehen. Da gab es das Betthupferl und den Petzibären, der hat immer nach dem Gugelhupf von seiner Oma gefragt.

(15 min + 1 h Backzeit)

1. Den Backofen auf 180 °C (Umluft 160 °C) vorheizen.
2. Eine Napfkuchenform (ca. 22 cm breit) mit Butter einfetten und mit Mehl oder Semmelbröseln bestäuben.
3. Die Butter in einer Schüssel mit dem Quirl cremig rühren.
4. Von dem Zucker 3 EL abnehmen und zur Seite stellen. Nach und nach den restlichen Zucker, Vanillezucker, Salz und Eier zur Butter geben und verrühren.
5. Mehl und Backpulver mischen. Abwechselnd mit 3 EL Milch nach und nach unter den Teig rühren. Zwei Drittel des Teigs in die Form füllen.
6. Kakao, den restlichen Zucker und die restliche Milch mit dem übrigen Teig gut verrühren.
7. Den Schokoladenteig auf den hellen Teig geben. Für das Marmormuster eine Gabel spiralförmig durch den Teig ziehen.
8. Den Kuchen auf der untersten Schiene im Backofen 1 Stunde backen.
9. Anschließend ein Holzstäbchen tief in den Kuchen stechen. Bleibt noch feuchter Teig am Stäbchen hängen, muss der Kuchen weitergebacken werden.
10. Anschließend den Kuchen in der Form ein paar Minuten lang abkühlen lassen, dann auf ein Kuchengitter oder einen Teller stürzen und ganz auskühlen lassen.
11. Vor dem Servieren den Gugelhupf mir Puderzucker bestreuen.

Butter und Mehl oder Semmelbrösel zum Bestäuben der Form
250 g weiche Butter in Stückchen
250 g Zucker
1 Päckchen Vanillezucker
1 Prise Salz
4 Eier
300 g Mehl
2 TL Backpulver
5 EL Milch
30 g Kakao
Puderzucker zum Bestäuben

Schlaraffenland

Aber da wir die vielen Kuchen und Pralinen gar nicht aufessen können und die auch viel zu schön zum Aufessen sind, stürzen wir uns erst mal auf unser Schokofondue.
(Vorbereitungszeit 15 min)

Schokoladenfondue

Was braucht man?
- Ein Wasserbad (Schüssel in einem Topf mit heißem Wasser)
- Dunkle, weiße oder bittere Blockschokolade je nach Geschmack – vielleicht auch alle drei?
- Kokos- oder Pflanzenfett
- Ein Schokofondue mit Fonduegabeln oder ein normales Fondue oder ein Stöfchen mit Kerze, über das man eine Schüssel mit der zerlaufenen Schokolade stellen kann

- Oder man stellt einfach die Schüsselchen mit der geschmolzenen Schokolade so auf den Tisch. Nach meiner Erfahrung ist sie sowieso so schnell weg, dass sie gar keine Chance hat, fest zu werden.
- Früchte (Bananen, Äpfel, Trauben, Erdbeeren, Himbeeren, Heidelbeeren, Birnen, Physalis, Ananas etc.)

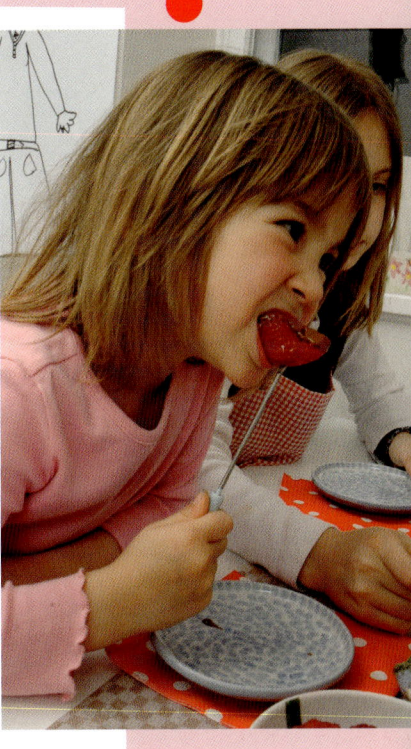

1. Die Schokolade in kleine Stückchen schneiden und im Wasserbad schmelzen lassen (das machen besser die Großen, denn es ist eine heiße Angelegenheit; die Kinder können ja inzwischen das Obst waschen, klein schneiden und schön anrichten).
2. In die Schokoladenmasse ein Stückchen Pflanzenfett geben, dann wird die Schokolade flüssiger.
3. Flüssige Schokolade im Fonduetopf oder Ähnlichem auf den Tisch stellen, Obst aufspießen und hineinhalten.
4. Schokoobst in den Mund stecken und genießen!

Wir sind rund, satt und glücklich, doch was machen wir jetzt mit all den Pralinen?
Ich weiß was! Liebe geht durch den Magen, und was könnte ein besseres Geschenk für unsere Lieben zu Hause sein als Pralinen?

Süße Geschenke

Es muss doch nicht immer etwas Gekauftes sein. Geschenkte Pralinen liebevoll verpackt lassen jedes Herz höherschlagen.

Auf dem Flohmarkt kaufte ich neulich ein wunderschönes Nähkästchen für acht Euro. Einen schöneren Pralinenschrein gibt es nicht.

Oder doch? Haben Sie kein Nähkästchen zur Verfügung, können Sie auch Körbchen, große Schachteln, kleine Dosen und Holzschachteln verwenden. Oder nehmen Sie selbst gefaltete Schachteln aus schönem festen Karton (gibt es im Bastelladen). Auch eignen sich manche Modeprospekte aus fester Pappe, um damit kleine Kistchen zu basteln.

Die Pralinen kann man entweder in Pralinenkapseln, auf kleine Tortenspitzen oder in Zellglasbeutel (Zellophanbeutel) in diese Kistchen legen. Kleidet man das Ganze noch mit Seidenpapier aus – eine Schleife drum herum – fertig ist das Geschenk.

Oder beschriften Sie kleine Zettel, die Sie an die Tütchen oder Kistchen hängen, mit den Namen der Pralinen oder Worten wie: Gesund, Mit Liebe, Zum Kugeln (auf unsere Kugelpralinen) oder Für Dich, Lecker usw.

Ich denke, demnächst werden eine ganze Menge Freunde von uns Pralinen geschenkt bekommen, denn das Zubereiten macht so viel Spaß, man möchte gar nicht mehr aufhören.
Und Paulina meint: Wenn ich groß bin, mache ich mit meiner Freundin einen Pralinenladen auf, und ich stehe hinter der Theke und stecke alle in die Kistchen mit Schleifchen und allem drum und dran ...

Und was kann man mit Torten alles machen?
Die Frage heißt wohl eher: Woraus kann man Torten noch machen?

Tortenkissenschlacht

Schon mal eine Tortenschlacht gemacht? Nein? Dann wird es aber Zeit ... und da uns unsere echten Kuchen und Torten viel zu schade sind, nähen wir uns welche.

Man braucht dazu:
- Kissen
- Borten
- Perlen
- Spitzen
- Bommel
- Evtl. eine Perlenkette aus dem Verkleidungskoffer oder ein Geschenkband
- Reststoffe, aus denen man kleine Röschen formen kann

Und natürlich:
- Nadel und Faden

Und so geht es:
Mit der Hand Dekomaterial so auf die Kissen nähen, dass sie später wie Torten mit Zuckerverzierungen aussehen. Ein Traum für jedes Mädchenzimmer und hervorragend zum Tortenschlachten – nein, wir schlachten nicht die Torten, wir machen eine Schlacht mit den Kissentorten!
Auf sie mit Gebrüll!!!

Tortenmagnete

Fimo, Magnete, Kleber
Aus Fimo lassen sich besonders hübsche und richtig echt aussehende Törtchen und Pralinen formen. Im Ofen laut Packungsanweisung brennen, auskühlen lassen und mit einem Alleskleber Magnete an die Rückseite kleben. Da läuft einem echt das Wasser im Mund zusammen.

Magnete gibt es beim Bürobedarf in jedem größeren Kaufhaus, in Bastelabteilungen sind sie allerdings ziemlich teuer. Am besten in der Internetsuchmaschine »Magnete« eingeben und Preise vergleichen.

Die Fimopralinen oder Törtchen werden auch zu lustigen Ansteckern oder Schlüsselanhängern, oder basteln Sie doch für die Puppenküche eine Konditorei!

Dosen und Schachteln

Schon mal eine dreistöckige Torte mit Inhalt verschenkt? Nein, keine Angst, ich erwarte jetzt nicht, dass Sie sich in eine Torte zwängen und leicht bekleidet und elegant aus dieser herausspringen. Aber mit etwas Filz, Borten und Kleber wird aus einer alten Keksdose oder runden Schachtel eine wunderschöne Torte, die als Verpackung dienen kann – eine Verpackung, die so schnell niemand wieder wegwirft, denn darin kann man später wunderbar Kleinigkeiten aufbewahren. Und so geht es: Einfach eine Dose mit Filz bekleben und schön verzieren. Wie sieht eine Torte eigentlich aus? Gucken Sie sich in Kochbüchern Bilder an, dann wird schnell klar, welche Borten wie Zuckerguss aussehen und wo zum Beispiel bei einer Hochzeitstorte die Röschen hingehören. Perlen geben den Tortendosen den letzten Schliff.

Tortenkunst

Wussten Sie, dass man aus Tortenspitzen wunderschöne Bilder machen kann?

Und dann fällt mir noch unsere selbst gemachte Etagere ein – ein wahres Schmuckstück!

Und so geht es:

Sie benötigen drei alte Porzellanteile (übrig gebliebene Einzelstücke wie Teller, Eierbecher oder Schüsselchen mit kleinen Macken oder schöne alte Teller vom Flohmarkt). Stellen Sie sich eine dreistöckige Etagere zusammen. Beginnen Sie unten mit einem umgedrehten Schüsselchen, darauf einen größeren Teller, eine Tasse oder ein kleines Kännchen stellen, dann einen mittelgroßen Teller folgen lassen, auf den Sie einen Eierbecher oder etwas Ähnliches platzieren und obendrauf den kleinsten Teller. Kleben Sie nun alles mit einem Porzellankleber zusammen, oder verbinden Sie die Stücke, wenn Sie können, mit Silikon. Dies ist manchmal nötig, wenn die Tassen, Eierbecher etc. an den Kanten nicht ganz gerade sind.

Bevor uns noch mehr einfällt und wir noch runder und zufriedener werden – so zufrieden, dass man es gar nicht mehr aushält –, verlassen wir dieses schöne Schlaraffenland lieber, denn schließlich gibt es noch viele andere Länder mit gutem Essen. Ein bisschen grün um die Nasen sind wir nämlich auch alle schon ... Eines wird uns deshalb klar: Von Süßem allein kann man nicht leben, und deshalb ist uns plötzlich allen nach sauren Gurken, Salzbrezeln oder besser erst mal gar nichts essen!

Hexenwald

Hilfe! Ein Außerirdischer in unserem Suppenschüsselmobil ... und noch einer ... und noch einer!

Aber Moment mal, irgendwie kommen mir diese Außerirdischen bekannt vor. Natürlich, es ist meine Mannschaft! Die sind nur immer noch ganz grün im Gesicht.

Eintrag ins Logbuch: Wir müssen dringend landen! Egal wo!

Hexenwald

Vor uns liegt ein kleines Wäldchen mit einer Lichtung! Nichts wie hin! Doch es ist kein gewöhnliches Wäldchen, irgendwas ist anders ... seltsam ... da liegt was in der Luft ... wie verhext ... verhext? Das ist es ... verhext – das ist ein Hexenwald, und das Hexenhäuschen kommt uns gerade recht.

Denn hier kann uns geholfen werden.

Auf dem Herd kocht bereits eine supergesunde Hühnersuppe. Forscher haben es längst bestätigt, die Großmütter und vor allem die Chinesen wissen es schon seit Jahrhunderten: Hühnersuppe ist ein altbewährtes Hausmittel. Egal, ob bei Grippe, Wachstum, wenn das Immunsystem Unterstützung braucht, auch nach Schwangerschaften und einfach, wenn man sich irgendwie schwach fühlt.

Einige Forscher meinten allerdings, die Hühnersuppe würde ihre Heilung vor allem durch den TLC-Faktor begünstigen – das steht für: »tender loving care«. Übersetzt heißt das in etwa: »sanfte, liebevolle Fürsorge«. Und seien Sie mal ehrlich: Wenn Sie sich schlecht fühlen, wirkt doch der Satz: »Jetzt koch ich dir erst mal eine gute Suppe« Wunder. Man hat das Gefühl, jetzt kann man sich wirklich fallen lassen, jetzt wird alles gut.

Hühnersuppe

1. Das Huhn innen und außen waschen und mit der Brust nach oben in einen großen Topf legen. Mit 2 l Wasser und 1 1/2 TL Salz zum Kochen bringen. Wenn das Wasser anfängt zu sieden, sofort die Temperatur auf kleine Hitze schalten und das Huhn 2 1/2 Stunden sanft köcheln lassen. Dabei immer wieder den Schaum mit einem Schaumlöffel abschöpfen. Das Suppengrün putzen und in grobe Stücke schneiden. Zusammen mit den Lorbeerblättern nach 2 Stunden zugeben.

2. Die Suppe entfetten: Nach dem Kochen das Huhn und das Gemüse mit der Schaumkelle aus dem Topf heben und den Rest durch ein feines Sieb gießen. Jetzt kann die Brühe geklärt werden. Dazu die Flüssigkeit abkühlen lassen und das fest gewordene Fett abheben. Eilige können mit einem Löffel möglichst viel Fett abschöpfen. Dann mehrmals Küchenkrepp über die Oberfläche ziehen, wobei dieses das Fett aufsaugt.

3. Nudeln in einem Extratopf abkochen, abgießen und in einer Schüssel auf den Tisch stellen. Das Hühnchenfleisch ablösen, klein schneiden und ebenfalls in einer Schüssel auf den Tisch stellen. So kann jetzt jeder nach Belieben seine Suppe mit Nudeln, Hühnchenfleisch oder beidem zusammen löffeln.

30 min +
2 h 30 min Köchelzeit

1 Suppenhuhn oder
»Frikasseehuhn«
ohne Innereien
Salz
1 Bund Suppengrün
(Möhren, Lauch, Sellerie,
Petersilienwurzel)
2 Lorbeerblätter
1/2 Bund Petersilie
Suppennudeln

Gefüllte Krautwickel

Für 4 Personen
(35 min + 30 min Garzeit)

1 Semmel vom Vortag
1/8 l heiße Milch
Salz
1 großer Kopf Weißkohl
400 g gemischtes Hackfleisch
1 Ei
1/2 Bund glatte Petersilie
Pfeffer aus der Mühle
1 Zwiebel
3 EL Pflanzenöl
1/4 l Gemüsebrühe
2 EL Tomatenmark
100 g saure Sahne

1. Die Semmel in kleine Würfel schneiden und mit der heißen Milch übergießen.
2. In einem großen Topf 2 l Wasser erhitzen und salzen.
3. 8–10 Blätter vom Kohlkopf lösen und im kochenden Salzwasser blanchieren, herausnehmen, abschrecken und trocken tupfen.
4. Die eingeweichte Semmel ausdrücken, mit dem Hackfleisch und dem Ei gründlich verkneten.
5. Die Petersilie waschen, trocken tupfen, fein hacken und unter die Hackfleischmasse mischen, salzen und pfeffern.
6. Die Zwiebel in feine Würfel hacken, in 1 EL Öl anbraten und unter das Hackfleisch mischen.
7. Die Kohlblätter flach ausbreiten, jeweils 1 EL Füllung darauf verteilen, die Blätter an der Seite einschlagen und die Krautwickel aufrollen. Mit Küchengarn zu kleinen Päckchen verschnüren.
8. 2 EL Öl in einem Topf erhitzen, die Krautwickel darin rundherum anbraten.
9. Die Brühe dazugießen und die Krautwickel bei geschlossenem Deckel und kleiner Hitze 30 Minuten schmoren lassen. (Es sollte immer genug Flüssigkeit im Topf sein. Ggf. noch etwas Brühe nachgießen.)

10. Die fertigen Krautwickel aus dem Topf nehmen (in dem wird die Soße gemacht!) und warm halten.
11. Für die Soße das Tomatenmark in die Brühe im Krautwickeltopf rühren und bei starker Hitze 2 Minuten einkochen lassen.
12. Die saure Sahne unterrühren, die Soße darf nicht mehr kochen.
13. Mit Salz und Pfeffer abschmecken und über die Krautwickel gießen.

Bonsai Cooking

In dem Hexenhäuschen gibt es außerdem Krautwickel und einen Scheiterhaufen. Das Besondere an unseren Krautwickeln ist, dass sie eine kindgerechte Größe haben. Vielleicht sollte man viel mehr Gerichte in kleinerer Größe zubereiten. Stellen Sie sich mal vor, Sie und Ihr Mund und auch Ihr Magen sind klitzeklein, da wird ein überdimensionaler Teller vor Sie hingestellt mit einem noch überdimensionaleren Krautwickel. Würde sich Ihr Magen nicht sofort verschließen? Mir geht das oft so, wenn man im Restaurant bestellt, und egal, wie groß mein Hunger eben noch war – ist die Portion zu groß, bin ich nach wenigen Bissen bereits satt.

Man sollte sich immer mal wieder die Perspektive der Kleinen vorstellen. Hocken Sie sich doch mal in einer Menschenmenge – zum Beispiel in der Innenstadt – zu Ihrem Kind hinunter und schauen sich die vielen Beine an, die an Ihnen vorbeigehen. Kann man den Himmel da noch sehen? Müsste man nicht längst Panik bekommen? Und wie ist das, wenn ein großer Hund auf einen zukommt? Ein Hund, dessen Schnauze (in der sich ja bekanntlich auch viele scharfe Zähne verbergen) auf einer Linie mit meinem Gesicht ist! Viele Erwachsene lachen über Kinder, die sich in solchen Situationen hinter dem Rücken der Eltern verstecken. »Du musst doch keine Angst haben, der tut doch nichts, der will nur spielen.«

Der Scheiterhaufen (Süßer Apfel-Brot-Auflauf)

(20 min + 50 min Backzeit)

Für 4 Personen

1 kg Äpfel (saure Sorten bevorzugt)
3 EL Zitronensaft
1 Päckchen Vanillezucker
1 TL Zimt
1/4 l Milch
4 Eier
Weißbrotreste in der Größenordnung von 6 Semmeln (für besondere Anlässe sieht es mit trockenen Toastbrotscheiben am schönsten aus, und natürlich funktioniert auch Vollkornbrot, wenn es nicht zu grobkörnig ist!)
50 g Butter
100 g Rosinen
Vanillesoße

Ein Rezept, das mich an meine Kindheit erinnert, denn in regelmäßigen Abständen gab es dieses wunderbar süße Resteverwertergericht. Irgendwie bleibt nämlich immer eine Scheibe Toast oder eine halbe Semmel übrig. Die kann man in einem Stoffbeutel an einem kühlen Ort sammeln, und wenn genug zusammenkommt, gibt es wieder mal »Brotkuchen«, wie wir den Scheiterhaufen zu Hause genannt haben.

1. Die Äpfel vierteln, schälen, entkernen und in hauchdünne Scheiben schneiden. Mit Zitronensaft beträufeln und mit Vanillezucker und Zimt bestreuen.
2. Milch leicht erwärmen, mit den Eiern verquirlen und das Weißbrot (möglichst in Scheiben geschnitten) darin einweichen.
3. Den Backofen auf 200 °C vorheizen.
4. Eine Auflaufform mit etwas Butter bepinseln, eine Schicht Brot hineinlegen, darauf eine Lage Apfelscheiben mit Rosinen, zum Schluss eine Lage Brotscheiben.

5. Butter in Flöckchen auf dem Auflauf verteilen und in 50 Minuten goldbraun backen.
6. Mit Vanillesoße warm oder kalt servieren.

Und was duftet denn da so gut, dass der Duft durch die Nase bis zum Herz fließt und einem so ein unglaublich gutes Gefühl von Geborgenheit schenkt? Mit diesem Gefühl werden ganz viele schöne Erinnerungen wach.
Der Duft, der uns hier in die Nase steigt, ist der Duft von frisch gebackenem Brot. Es ist ein wirkliches Kindheitserlebnis, eigenes Brot zu backen. Bis dahin denken Kinder oft, dass das nur der Bäcker kann. Aber nichts geht über noch warmes, selbst gebackenes Brot.

Das Brot – Grundteig

1. Hartweizen- und Weizenmehl auf eine saubere Arbeitsfläche häufen oder in eine Schüssel geben. Das Salz darüberstreuen. Eine Mulde in die Mitte drücken und 300 ml lauwarmes Wasser hineingießen. Hefe und 1 EL Zucker einrühren. Einige Minuten stehen lassen, bis sich Blasen bilden.
2. Nach und nach Mehl mit dem Wasser verrühren, bis ein dicker Brei entsteht. Weitere 350 ml lauwarmes Wasser mit dem Brei verrühren. Dann mit dem übrigen Mehl zu einem glatten, elastischen Teig verkneten. Mit etwas Mehl bestäuben und den Teig in eine Schüssel legen. Mit einem Küchentuch zugedeckt an einem warmen Ort ca. 30 Minuten gehen lassen, bis sich der Teig verdoppelt hat.
3. Den Teig nochmals mindestens 1 Minute durchkneten (mit viel Kraft und Liebe). Kneten ist bei Hefeteigen wirklich das A und O. Nun kann der Teig in die gewünschte Form gebracht werden, bevor er ein zweites Mal vor dem Backen gehen muss.
4. Ofen vorheizen: E-Herd auf 225 °C, Umluft auf 200 °C, Gas auf Stufe 4.
5. Teig halbieren und zu zwei ovalen Laiben formen. In Backformen legen (es gehen auch zwei runde Kuchenformen). Mit Küchenhandtü-

(15 min + 30 min Wartezeit + 20 min Wartezeit + 35 min Backzeit)

Zutaten für 2 Brote

200 g Hartweizen- oder Spätzlemehl
800 g Weizenmehl (Typ 550)
1 gestrichener EL Meersalz
2 Päckchen Trockenhefe
1 EL Zucker
Frischhaltefolie

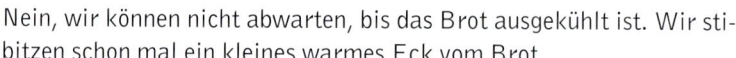

...chern zugedeckt an einem warmen Ort nochmals ca. 20 Minuten gehen lassen.

6. Oberfläche mit einem scharfen Messer zweimal diagonal einschneiden. Im Ofen 25–35 Minuten backen. Brot aus der Form stürzen. Klopft man auf die Unterseite, und es klingt hohl, ist das Brot fertig. Wenn nicht, noch etwas weiterbacken und erneut prüfen. Vor dem Anschneiden auf einem Kuchengitter auskühlen lassen.

Nein, wir können nicht abwarten, bis das Brot ausgekühlt ist. Wir stibitzen schon mal ein kleines warmes Eck vom Brot.

Und was schmieren wir da drauf? Wie wäre es mit Kräuterbutter mit Kräutern aus dem Garten? Köstlich!!! Und so einfach!

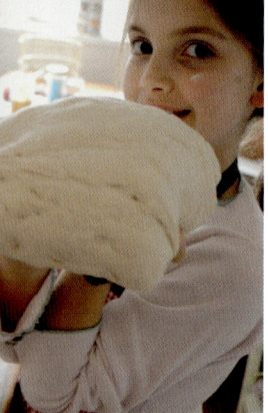

Kräuterbutter

(15 min)

1/2–1 Stück Butter, je nach Bedarf
1 Handvoll Kräuter nach Geschmack (glatte Petersilie, Schnittlauch, Dill)
Salz

1. Die Butter rechtzeitig aus dem Kühlschrank nehmen und bei Raumtemperatur weich werden lassen.
2. In der Zwischenzeit die Kräuter waschen, trocken tupfen, eventuell die Blätter von den Stängeln zupfen und fein hacken.
3. Die Butter mit den Kräutern vermischen (am besten mit einer Gabel) und mit Salz würzen.

Wenn Kräuterbutter übrig bleibt, kann man damit wunderbar Grillfleisch verfeinern, Soßen abrunden oder den Reis damit würzen.

Kräutergarten

Apropos, ein schönes Kräutergärtchen ist leicht anzulegen. Ob im eigenen Garten, auf dem Balkon oder einfach auf der Fensterbank in der Küche, ich liebe Dinge, die nützlich und schön zugleich sind. So ein Kräutergarten kann in einer Holzsteige (Holzkiste), die man in Obstgeschäften bekommt, angelegt werden oder einfach im Blumenkasten. Vielleicht haben Sie oder eine nette Oma oder Tante ja auch einen Garten, in dem Ihr Kind ein Fleckchen Erde zum Bepflanzen bekommen könnte?

Das Gartenbuch mit Blumenpresse

Wir legen uns ein wunderschönes Gartenbuch an, darin steht alles, was wir über unsere Pflanzen und Kräuter wissen. Wann sind sie gepflanzt worden, wann kann man ernten, wann blühen sie …? In unserer selbst gebastelten Blumenpresse pressen wir von jedem Kraut ein Blatt oder eine Blüte und kleben diese in das Buch. Die Blumenpresse ist auch ein schönes Geschenk für alle naturbegeisterten Kinder.

Was braucht man?
- 2 quadratische Holzbretter
- 1 Bohrer
- Pappe (gleiche Größe wie Holzbretter)

- Löschpapiere (gleiche Größe wie Holzbretter)
- 4 Flügelmuttern
- 4 lange Gewindeschrauben

Und so geht es:
1. Hölzer übereinanderlegen und in die vier Ecken jeweils ein Loch bohren, das groß genug für die Gewindeschrauben ist.
2. Diese durch die Löcher führen, zwischen die Bretter Pappen und Löschpapiere legen. Blumen, Blätter oder Kräuter hineinlegen, Flügelmuttern festschrauben – und nach einigen Tagen sind die Pflanzen schön getrocknet und zum Einkleben bereit. Aus gepressten Pflanzen kann man auch schöne Bilder oder individuelle Glückwunschkarten kleben.

Verhexte Getränke

Wie wäre es mit einer Kräuterlimo?

Man braucht dazu kaltes Wasser, Limonen oder Zitronen und einige Blätter Minze.

Limonen, falls behandelt, abwaschen und in Scheiben schneiden, zusammen mit der Minze in das Wasser geben und ein wenig Limone/Zitrone ausdrücken.

Sehr erfrischend für heiße Sommertage.

Ein selbst zusammengestellter Tee ist auch lecker. Kräutermischung ausdenken, Kräuter frisch oder getrocknet in ein Teesieb geben und mit heißem Wasser überbrühen. Es gibt auch Teefilter, die man mit seinem Tee füllen und zum Beispiel einer lieben Oma schenken kann.

Die Kräuterapotheke

Und dann lernen wir im Hexenwald noch etwas über Heilung mit Nahrungsmitteln. Denn neben Kräuterwickeln gibt es auch noch den Quark- und den Kartoffelwickel.

Zwiebelpäckchen

Bei Ohrenschmerzen eine Zwiebel klein hacken und in ein Taschentuch packen wie ein kleines Päckchen. Auf dem schmerzenden Ohr des Kindes mit Pflaster anbringen oder durch ein Haarband befestigen oder eine Mütze drüberziehen.
Über Nacht wirkt das Päckchen Wunder. Einziger Nachteil: Es stinkt nach Zwiebeln, und das mögen die meisten Kinder nicht.

Kandiszwiebelsud

Bei Husten in ein Marmeladenglas eine klein geschnittene Zwiebel und braunen Kandiszucker mehrere Stunden bei geschlossenem Deckel ziehen lassen. Den Sud, der daraus entsteht, auf einen Teelöffel geben. Wie eine Medizin dreimal am Tag je 1 TL einnehmen.

Hexerei

Aber was wäre ein Hexenwald ohne Hexerei? Und weil sich die Oberhexe Sabinia so gut auskennt, gibt es gleich ein paar wirklich verblüffende Hexereien.

Die Drachenorange

Was braucht man?
- 1 Orange
- 1 Messer
- 1 Kerze
- 1 Streichholz

Und so geht es:
1. Orange mit dem Messer aufschneiden, Orangenstücke essen, Kerze mit dem Streichholz anzünden, Orangenhaut in die Hand nehmen und neben der Flamme »ausdrücken«.
2. Dazu kann man einen Spruch sagen wie: »Drache in Orangenhaut spuckt jetzt Feuer – seht und schaut!« Na ja, ich gebe zu, dies ist nicht einer meiner besten Hexsprüche, aber es funktioniert. Die Orangenhaut spuckt wirklich Feuer. Keine Angst, das ist nicht gefährlich, trotzdem sollte bei diesen Tricks immer ein Erwachsener anwesend sein.

Verhexter Pfeffer

Was braucht man?
- 1 Teller oder 1 Schüsselchen mit Wasser
- Pfefferpulver
- Spülmittel

Und so geht es:
1. Großzügig Pfeffer über die Wasseroberfläche streuen.

Dann heimlich einige Tropfen Spülmittel auf den Zeigefinger spritzen. Jetzt wäre es Zeit für den Hexspruch,

der da lautet: »Pfeffer aus dem fernen Land, schwimm, so schnell du kannst, zum Rand – Hexiculum – Hexiculum!«

2. Jetzt steckt man den Spülfinger in die Mitte des Tellers, und siehe da – der Pfeffer saust so schnell er kann zum Rand.

Warum ist das so?

Der Pfeffer schwimmt auf der Wasseroberfläche auf der »Haut«. Das Spülmittel zerreißt diese Haut. Deshalb schießt der Pfeffer an den Tellerrand.

Hexenmutprobe!

Mund auf – Augen zu

Was kannst du schmecken?
Tomate, Erdbeere, Gurke, Fenchel, Kiwi, Banane, Apfel ... Unsere Kinder haben einen guten Geschmackssinn – das muss man sagen –, und Mut haben Sie auch, denn jeder reißt seinen Mund weit auf – das nenne ich absolutes Vertrauen.
Und was ist das? Ein Kuss! Und wie schmeckt der? Nach der Mami!

Mit einem selbst gebackenen Brot für unterwegs, zufriedenen Mägen und einer rosigen Gesichtsfarbe steigen wir in unser Suppenschüsselmobil und fliegen weiter, ein Stück begleiten uns noch einige Hexenbesen und viele, viele schwarze Raben.

Es dauert gar nicht lange, da bekommt die Besatzung schon wieder Hunger. Das Brot riecht aber auch zu lecker. Doch unter uns nichts als Wiese, Wiese und noch mal Wiese. Idee des Piloten: »Wie wäre es mit einem Picknick?«

Die Mannschaft: »Ja! Machma – Brotzeit, Brotzeit ist die schönste Zeit ...«

Unterwegs

Alle bereiten mit Begeisterung das große Picknick vor. Niemand achtet mehr auf den Himmel. Erst, als wir alle mit Körben bepackt am Ausgang des Suppenschüsselmobils stehen, bemerken wir es: Regen. Och nö! Unser schönes Picknick! Ausgerechnet jetzt! Doofer Regen ... Moment mal – wir lassen uns doch unser Picknick nicht kaputt machen! Auf das Wetter kann man sich sowieso nicht mehr verlassen, also bleibt einem nichts anderes übrig, als flexibel zu sein. Regen? Na und? Ich lach dir ins Gesicht, Regen, ha, ha! Wir veranstalten ein Zimmerpicknick. Und damit wir uns fühlen wie auf einer Wiese, bemalt die Crew mal eben die Wand (natürlich haben wir vorher genügend Papierbahnen an die Wand geklebt).

Fertig? Perfekt! Unser Picknick kann beginnen. Wir lassen es uns schmecken.

Farmerquiche

1. Aus der Butter, dem Salz, 75 ml Wasser und dem Mehl einen Mürbeteig zubereiten. Ist der Teig noch klebrig, einfach noch etwas Mehl dazugeben. Den Teig in einer Frischhaltefolie in den Kühlschrank legen.
2. Den Schinken in kleine Würfel schneiden, den Käse reiben.
3. Den Backofen auf 250 °C vorheizen.
4. Die Quicheform mit Butter ausfetten, den Teig ausrollen und so auf den Boden der Form legen, dass auch die Ränder der Form mit Teig bedeckt sind. Den Teig mehrmals mit einer Gabel einstechen.
5. Die Schinkenwürfel darauf verteilen, den Mais ebenfalls und zuletzt den Gouda.
6. In einem Schüsselchen die Crème double mit den Eiern und dem Schnittlauch verrühren. Die Eiercreme über die Quiche gießen.
7. Die Quiche im Backofen 20–25 Minuten backen. Wenn die Oberfläche zu rasch bräunt, diese mit Pergamentpapier abdecken.

Quiche schmeckt warm genauso gut wie kalt, sie ist also hervorragend für unser Picknick geeignet, aber auch für eine Brotzeit in der Schule. Wollen Sie ein ganzes Blech Quiche backen, nehmen Sie einfach die doppelte oder dreifache Menge.

Quiche ist ein bisschen wie Pizza – man kann eigentlich drauflegen, was man will. Den Schinken mit Speck austauschen oder mit Lauch und Möhren belegen. Viel Spaß beim Ausprobieren!

(20 min + 1 h Kühlzeit + 25 min Backzeit)

Zutaten für eine Quicheform von ca. 26 cm Durchmesser

Teig
100 g kalte Butter
1 Prise Salz
200 g Mehl

Füllung
200 g gekochter Schinken ohne Fettrand
100 g frisch geriebener Gouda
1/2 Dose Mais
150 g Crème double (oder Crème fraîche)
2 Eier
3 EL Schnittlauchröllchen

Etwas Butter zum Ausfetten der Form

(5 min + 1 h 30 min Backzeit)

Für 4 Personen

2 EL Honig
4 EL Grapefruitsaft (ersatzweise auch 2 EL Zitronensaft)
Salz
Pfeffer
8 Hähnchenkeulenunterschenkel (ist für ein Picknick am besten)
1 EL Öl

Honey Chicken

1. Den Honig mit dem Grapefruitsaft, Salz und Pfeffer kurz aufkochen.
2. Hähnchenkeulen waschen, trocken tupfen, salzen, pfeffern und in eine flache, mit Öl bepinselte feuerfeste Form legen.
3. Die heiße Marinade über das Fleisch gießen.
4. Den Backofen auf 150 °C vorheizen.
5. Die Hähnchenschenkel auf der untersten Schiene im Backofen etwa 1 1/2 Stunden garen.

Obstsalat

Das Schöne an diesem reichlich unspektakulären Rezept ist die Präsentation im Glas. Und weil sich das Obst sozusagen ins Schaufenster stellt, soll es auch so bunt wie möglich sein.

(10 min)

1. Wählen Sie zwischen blauen und grünen Trauben (bitte machen Sie sich die Mühe und entkernen Sie diese, falls nötig), Erdbeeren, Mango, Kiwi, Äpfel, Birnen (geschält), Ananas, Kirschen (entkernt).
2. Das Obst gehört natürlich gut gewaschen oder gar geschält und in kleine Würfel geschnitten.
3. Je nach Süße und Menge des Obstes 2–3 EL Honig unter den Obstsalat rühren und gut ziehen lassen.
4. Den Obstsalat in gut verschraubbare Gläser (z. B. ausgewaschene Marmeladengläser) füllen.
Den Löffel fürs Picknick nicht vergessen!

Quarkbrötchen

Die dürfen bei keinem Picknick und auf keinem Fest fehlen. Die gehen wahnsinnig schnell und einfach, und die Kinder lieben sie auch zum Frühstück mit Butter und Marmelade.

1. Alle Zutaten miteinander verkneten.
2. Kleine Brötchen formen und auf ein Blech legen, das mit Backpapier ausgelegt ist.
3. Brötchen vor dem Backen mit Milch bestreichen.
4. Bei 170 °C ca. 20–25 Minuten backen.

Außerdem gab es bei unserem Picknick noch eine Wassermelone, Trauben, Tomaten, Bananen und eine Tüte voll Süßkram. Uns ging es also richtig gut.

(10 min + 25 min Backzeit)

Zutaten für ca. 15 Brötchen

250 g Quark
75 g Zucker
6–8 EL Öl
6–8 EL Milch
1 Päckchen Vanillezucker
1 Prise Salz
400 g Mehl
1 Päckchen Backpulver
Milch zum Bestreichen

Schade, dass man im Kinderzimmer nicht Ball spielen kann. Und schade, dass man keine Blumen pflücken kann ... Ja, aber gut, dass einem die Ameisen nicht übers Essen laufen und man auf keine Bienen aufpassen muss. Und einen Sonnenbrand bekommen wir auch nicht. Es gibt eben immer Vor- und Nachteile. Außerden ist morgen schließlich auch noch ein Tag, und da machen wir dann einen richtigen Ausflug, mit Ameisen und Bienen und mit Sonnenbrand!

Pimp your Rucksack

Kennen Sie diese Sendungen? Da besitzt einer ein furchtbar altes Auto, aus dem ein Team innerhalb ganz kurzer Zeit einen halben Rennwagen der Luxusklasse macht, mit allem drum und dran. So eine Sendung gibt es jetzt auch noch für Fahrräder, »pimp your bike« und auch ganz ähnliche für Wohnungen. Ich glaube, es ist nur noch eine Frage der Zeit bis zur Premiere von »pimp my wife« oder »pimp my husband«! Wir sind da etwas harmloser und »pimpen« lediglich unsere alten Rucksäcke für den Ausflug auf.

Was braucht man?

Schöne Stoffe, Bänder, Buttons, Aufnäher, Knöpfe, Perlen, Borten, alles, mit womit man einen Rucksack eben verschönern kann.

Lassen Sie Ihr Kind ausprobieren, was am besten passt, legen Sie erst einmal verschiedene Stoffe auf den Rucksack und nähen Sie dann die weiteren Accessoires auf etc.

Süß ist es auch, auf einen Extrastoff mit Stofffarben den Namen des Kindes zu schreiben oder zu stempeln (Moosgummistempel oder Kartoffelstempel). So entstehen individuelle, liebevoll gestaltete Rucksäcke.

Und wie wäre es mit einem Rucksack aus zwei alten Hosen? Das Praktische daran ist, dass die Hosen bereits die kleinen Taschen in Hülle und Fülle mitbringen, ohne dass man sie extra nähen muss. Hier wurden eine Jeans und eine Baumwollhose komplett zerschnitten.

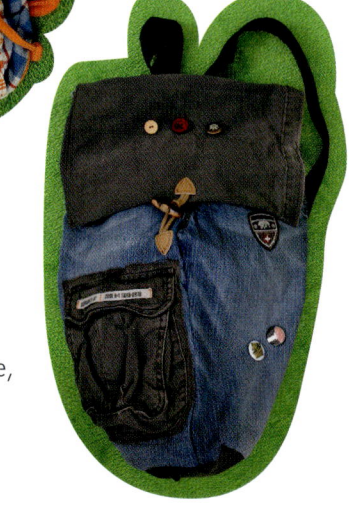

Und so geht es:

1. Schneiden Sie für eine »Hosentasche« oder einen »Hosenrucksack« erst die Beine ab und nähen dann die ehemaligen Hosenbeine zusammen. Aus den anderen Beinen können ein Boden, eine kleine Außentasche und ein Deckel entstehen.

2. Aus alten Taschen kann man Riemen abschneiden oder neue Riemen im Kurzwarengeschäft kaufen.

3. Mit einigen Buttons, Knöpfen und Aufnähern wird dieser Rucksack etwas ganz Besonderes.

Und weil wir schon beim Thema sind: Unterwegs, Brotzeit, Pause, weg von zu Hause haben wir uns einige Gedanken zum Thema Pausenbrote gemacht und ein wenig rumgesponnen:

Alles über Pausenbrote

Ein Pausenbrot ist nicht nur ein Pausenbrot – es ist viel mehr. Es ist ein Stück, das wir dem Kind von zu Hause mitgeben. Wenn man die Pausenbrotdose öffnet, strömt einem meist ganz viel Liebe entgegen. Also lassen Sie das Pausenbrot nicht aussterben, indem Sie Ihrem Kind meistens Geld für eine Semmel vom Bäcker mitgeben – geben Sie ihm ein Stück Zuhause mit.

Wäre es nicht schön, dem Kind an einem besonders harten Schultag – an dem ihm vielleicht eine schwere Schulaufgabe bevorsteht – eine besonders schöne Brotzeit mitzugeben? Oder wie wäre ein Überraschungstag die Woche. Zum Beispiel am Mittwoch, denn an diesem Tag hat das Kind bereits zwei (harte) Tage hinter sich und noch zwei (harte) Tage vor sich. Sie können natürlich auch den Wochenanfang, den Montag, nehmen, vielleicht haben Sie Sonntagabend mehr Zeit und Muße, etwas Besonderes vorzubereiten.

Pausenbrotdosen

Die bayerische Brotzeit

Sie besteht aus einigen Käsewürfeln, zwei Dauerbrezen, einem hart gekochten Ei, kleinen Landjägerwürstchen, einer kleinen Tomate, einem richtigen Butterbrot und einer kleinen bayerischen Fahne.

Die rote Pause

Sie beinhaltet nur rote Sachen. Wir haben genommen: Erdbeeren, kleine Tomaten, rote, in Streifen geschnittene Paprika, diesen rot eingewachsten Käse (der in der Werbung immer so rumspringt), ein Salamibrot und rote Gummibärchen.

Die runde Pause – »eine runde Sache«

Alles kullert. Die Reisbällchen mit grünen Erbsen (Rezept S. 91), Hackfleischbällchen (vielleicht schon geplante »Reste« vom Vortag? Rezept S.92), ein hart gekochtes Ei, Radieschen, Tomaten und Weintrauben. (Zugegeben, manches »eiert« auch ein bisschen.)

Die Geburtstagspause

Sie besteht aus zwei Muffins (eine für den besten Freund/die beste Freundin), ein Brot mit Salami und mit einem Herzausstechförmchen ausgestochen, einer Kerze, einem Herzluftballon, einer Luftschlange.

Die Biopause
Besteht aus: Trockenfrüchten, zwei Stückchen eines Müsliriegels, einem Gläschen mit Joghurtdip und Möhren, Gurken und Paprika zum Dippen.

Das Picknick
Sie besteht aus einem Stück Quiche (vom Vortag, Rezept auf Seite 77), einer Himbeere, einem Gläschen mit Obstsalat, einem Säckchen mit Cornflakes zum Knabbern, einem Holzbesteck.

Das Farmeressen
Es besteht aus einem kleinen Apfel, einem Tütchen Studentenfutter, einem Sandwich mit Hühnersalat. Für den Salat Hühnchenfleisch mit Mayonnaise und Schnittlauch mischen, mit Salz und Pfeffer abschmecken und auf ein Toastbrot schmieren.

Das Tramezzini-Set
Der Italiener unter den Sandwiches wird bei uns aus Vollkorntoast gestapelt.
Er wird bestrichen mit 1 EL Mayonnaise und belegt mit 1 Scheibe Käse, 1 Scheibe gekochtem Schinken und 4 dünnen Scheiben Salatgurke. Das Ganze schön fest zusammenpressen und in Dreiecke oder Streifen klein schneiden. Dazu gibt es Trauben und eine kleine Banane.

Die Wohlfühlbox
Es gibt Tage, da möchte man was Warmes, Weiches, Süßes um sich haben.

Unterwegs

Dafür packen wir ein:
- Grießbrei (direkt nach dem Kochen in ein passendes, verschließbares Gefäß füllen und darin fest werden lassen),
- selbst gemachtes Apfelkompott (1 Apfel schälen, entkernen, klein würfeln und mit 1–2 EL Zucker in einem Topf bei milder Hitze zu Kompott verkochen und in ein verschließbares Gefäß füllen),
- ein Schälchen Studentenfutter
- und einen kleinen Mutmachbrief.

Den Löffel nicht vergessen!

Miniausstellung aus Alufolie

Wenn Ihr Kind Lust hat, kann es jedes Mal, wenn etwas in Alufolie eingewickelt ist, aus dieser eine kleine Skulptur formen und wieder mit nach Hause bringen. So entsteht eine Miniausstellung, die sich wirklich sehen lassen kann.

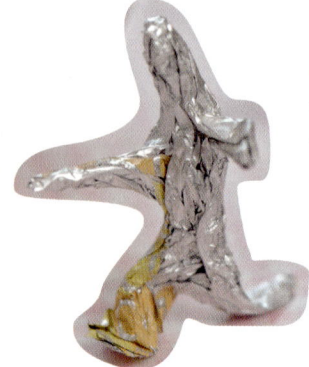

So, und nun genug gepaust und verbrotzeitet, wir müssen weiter. Ein langer Weg liegt noch vor uns. Mit roten Backen und erfüllt von so viel guter Luft, steigen wir in das Suppenschüsselmobil und fliegen weiter.

»Servus«, sagt der Bayer und »Pfiati und Habedieehre«, und die Berge antworten uns mit einem Echo-Echo-Echo-Echooooooo.

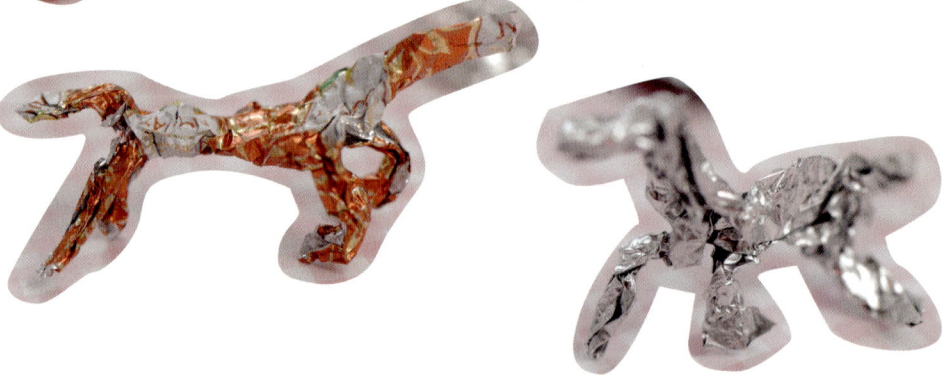

Eintrag ins Logbuch:
Meine Crew wird langsam ungeduldig – so ein weiter Flug und noch kein Essen in Sicht – doch da! Was ist das? Stäbchen, so weit das Auge reicht! Wir sind da – das ist Japan!!!

JAPAN

Zum Glück haben wir in Japan unseren Fachmann Luca und unsere Fachfrauen Hannah und Fumi dabei! Fumi ist Halbjapanerin und Hannah und Luca Vierteljapaner! Ohne sie wären wir hier aufgeschmissen, aber die drei kennen sich wirklich aus!

Auf Japanisch heißt »Guten Appetit« »Itadakimasu«!

Fumi: »Na ja, eigentlich heißt es korrekterweise ‚oishiku meshiagare', aber wir sagen immer ‚itadakimas', was eher heißt ‚ich beginne zu essen' und an den Koch oder Gastgeber gerichtet ist (das musste ich jetzt mal richtigstellen, denn sonst bekomme ich immer Ärger mit meiner Mama, dass ich falsches Japanisch in der Welt verbreite!).«

Das schreiben wir alle schon mal in unsere Logbücher – außerdem lernen wir noch, wie wir unsere Namen mit japanischen Schriftzeichen schreiben können.

Dann besuchen wir einen echten japanischen Laden. Da gibt es so schöne farbenfrohe Dinge! Mal abgesehen von den riesigen Säcken voll Reis – und der Kühltruhe mit Tintenfischen und den süßen Süßigkeiten …

Fumi: »Jaaa, und nicht zu vergessen Lucas allerliebste vergorene Bohnen (Natto), die so herrliche Fäden ziehen und die auch sonst bestimmt kein anderes Kind essen will.«

Nicht mal ein japanisches?!

Stäbchen anmalen

Zuerst malen wir Stäbchen an – das macht Spaß und ist praktisch, denn so hat jeder seine »Privatstäbchen« oder sucht sich immer neu seine »Lust-und-Laune-Stäbchen« aus.

Was braucht man dazu?
- Blankoessstäbchen
- Acryl- oder Plakafarben
- Pinsel
- Klarlack

Und los geht es!
1. Am besten die Stäbchen weiß grundieren und das auch nur oben am Griff – dann bleibt das Ende, mit dem man isst, reines Holz, und das ist gut so!
2. Das Weiß trocknen lassen und gewünschte Farben oder Motive aufmalen.

Ob bunte Kringel, Fische, Schmetterlinge, Blumen, Schriftzeichen oder einfach nur Punkte – jeder malt, wie er kann und was ihm gefällt.

Kommen Gäste, könnte man auf die Stäbchen die jeweiligen Namen schreiben – so hat man gleich ein schönes Platzkärtchen.

Die Stäbchen legt man auf kleine »Stäbchenbänke«. Das kann ein schöner Stein sein, ein Holzstück, oder vielleicht findet sich im Kinderzimmer bei den Gummitieren Goldfische oder Schmetterlinge. Die Stäbchenbank hat den Vorteil, dass man immer weiß, wo man sein Stäbchen ablegen kann.

Der Stäbchentrick für Anfänger

Mit Stäbchen zu essen ist gar nicht so einfach – deshalb zeigt uns Fumi einen Trick, mit dem sogar bereits kleine Kinder mit Stäbchen essen können.

1. Ein längliches Papier mehrmals falten – siehe Foto. Waren die Stäbchen in einer Papierhülle eingewickelt, wäre dieses Papier perfekt. Gefaltet wird das Papier wie ein – wir nannten es – »U-Hackerl« (ein U-Häckchen), wie die Papiere, mit denen man früher im Klassenzimmer mithilfe eines Gummis herumgeschossen hat (also die Buben haben das bei uns immer gemacht, und das konnte ganz schön ins Auge gehen).

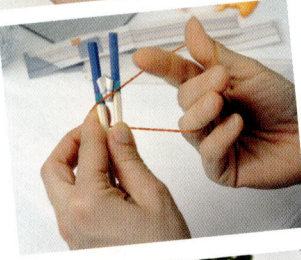

2. Papier im hinteren Bereich zwischen die Stäbchen klemmen und mit einem Gummi umwickeln

3. Jetzt die Stäbchen in die geöffnete Hand legen und umschließen. Durch den Papier-Gummi-Mechanismus öffnen sich die Stäbchen wie von selbst, nachdem man etwas aufgegabelt (heißt das jetzt aufgestäbchend?) hat.

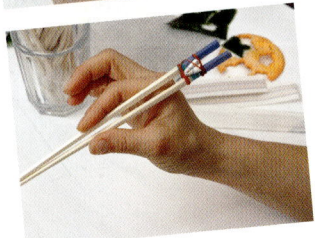

Das Tuch am Tisch

Die Japaner haben eine sehr schöne Angewohnheit bei Tisch. Sie legen neben die Teller – oder man bekommt es vor und nach dem Essen – ein warmes, ja fast heißes, feuchtes Tuch, wie ein kleines Handtuch. Damit kann man Gesicht und Hände erfrischen.

Im Flugzeug auf dem Flug nach Amerika bekamen wir auch so ein Tuch – ich glaube, es war kurz vor der Landung. Man reichte die zusammengerollten, dampfenden Tücher den Passagieren mit einer Holzzange. Die ältere Dame neben mir, die noch auf ihr Tuch wartete, sah mich und mein Tuch forschend an und fragte: »Schmeckt das gut?«

Origami

Das gehört natürlich zu einem Besuch in Japan: Origami, die Kunst des Faltens von »ori« = falten und »kami« = Papier. Es ist die Kunst, aus einem meist quadratischen Blatt Papier allein durch Falten – ohne Schere und Kleber – ein zwei- oder dreidimensionales Objekt entstehen zu lassen wie Tiere, Pflanzen oder andere Formen.

Es gibt in Bastelgeschäften spezielles Origamipapier. Dies ist allerdings sehr teuer, und zum Üben eignen sich auch Geschenk- oder Zeitungspapier. Wichtig ist, dass das Papier dünn und trotzdem fest ist und dass man ordentlich faltet (nicht so wie ich): Ecke auf Ecke und Kante auf Kante – je ordentlicher man faltet, desto schöner ist das Ergebnis (hab ich alles gelernt). Für unsere Tischdekoration falten wir Kraniche. Der Kranich bringt Glück – je mehr Kraniche, umso mehr Glück! Also falten wir so viele Kraniche, wie wir können!

Restgemüsekreisel

Mit dem Restgemüse und einigen Zahnstochern basteln wir noch Gemüsekreisel – einige davon kreiseln wie die Weltmeister und einige ... nicht!

Restgemüsedekoration

Und aus den Gurken- und Orangenschalen stechen wir kleine Blümchen und andere Formen mit Backförmchen aus. Das sieht hübsch aus als Dekoration auf den Tellern, und wenn man die Orangenscheiben trocknen lässt, kann man diese gut duftend zum Spielen oder in einer Schale eine ganze Weile aufheben. Kinder lieben es, mit solchen Dingen Kaufladen zu spielen.

Das Essen (endlich)

Es gibt: Reisbällchen und Fleischbällchen und eine Soße, in die wir uns alle reinsetzen wollen – dürfen wir aber nicht –, und Reisbällchen und Hackfleischbällchen und zum Nachtisch Mandarinen- und Zitronengelee – das ist glibberig und schmeckt einfach köstlich!

Basisrezept Gohan (30 min)

Reis ist die Basis der japanischen Küche. »Gohan«, das japanische Wort für »gekochter Reis«, bedeutet zugleich »Essen«. Alternativ können italienischer Risottoreis oder als Milchreis angebotener Rundkornreis verwendet werden.

1. Reis in einer Schüssel mit kaltem Wasser waschen und abseihen.
2. Diesen Vorgang so lange wiederholen, bis das Wasser klar ist.
3. Reis in einem Sieb abtropfen lassen.
4. Reis und dieselbe Menge Wasser (1:1) in einen Topf geben.
5. Mit gut schließendem Deckel auf höchster Stufe aufkochen, dann den Herd ausschalten.
6. Deckel abnehmen und den Reis einmal umrühren, damit er nicht am Boden anbrennt.
7. Topf wieder schließen und weitere 20 Minuten auf dem ausgeschalteten Herd (japanischer Reis) oder auf niedrigster Stufe (anderer Rundkornreis) quellen lassen.

Onigiri (Reisbällchen)

1. Reis klassisch zubereiten und vor dem Weiterverarbeiten etwas abkühlen lassen.
2. Für jedes Onigiri ein Quadrat (20 x 20 cm) Frischhaltefolie abreißen und darauf die gewünschte Ummantelung legen.
3. Auf diese dann je 3 EL Reis platzieren, ggf. leicht salzen (nicht bei geräuchertem Lachs und anderen bereits sehr salzigen Zutaten) und durch Zusammenführen der vier Folienecken und durch vorsichtiges Drehen der vier Spitzen den Reisball behutsam in der Folie zum Bällchen formen.
4. Für gefüllte Reisbällchen den Reis vorher mit den entsprechenden Zutaten vermengen, und davon je 3 EL wie oben beschrieben zu Reisbällen formen.

Onigiri schmecken warm oder kalt und werden mit den Fingern gegessen. Sie eignen sich daher ideal für ein Picknick.

(20 min)

Zutaten für 10 Stück

350 g Reis

Füllungen oder Ummantelungen:
4 EL Lachsrogen
2 Scheiben geräuchertes Lachsfilet
2 leicht gezuckerte Omeletts
2 EL Erbsen
2 EL schwarzer angerösteter Sesam
Salz

Fumi: »Wir hatten früher auf unseren Bergtouren, beim Skifahren und auf jeder Reise Onigiri dabei. Für mich ist das der Inbegriff von Ferien oder Wochenende! Ja, sogar als ich von zu Hause weggezogen bin, um in Antwerpen und Brüssel zu studieren, hat mir meine Mama noch Onigiri ins vollgestopfte Auto gereicht.«

Nikudango (Hackfleischbällchen)

(45 min)

Zutaten für 4 Personen

10 cm Rettich
2 Zwiebeln
2 Möhren
500 g gemischtes Hackfleisch
8 EL Paniermehl
2 EL Milch
2 Eier
50 g Mehl
3 cm Ingwer
2 EL Öl
5 EL Sojasoße
3 EL Wasser
3 EL Apfelsaft

1. Rettich schälen und sehr fein reiben.
2. Zwiebeln und Möhren schälen und fein hacken.
3. Fleisch, Zwiebeln, Möhren, Paniermehl, Milch und Ei miteinander vermengen, daraus kleine Kugeln formen und diese leicht in Mehl wälzen.
4. Ingwer schälen, grob in Scheiben schneiden und in einer Pfanne mit nicht zu heißem Öl anbraten.
5. Ingwer aus der Pfanne herausnehmen.
6. Hackbällchen von allen Seiten im Ingweröl anbraten, dann Sojasoße, Wasser und Apfelsaft dazugeben.
7. Herd herunterschalten und das Fleisch weiterköcheln lassen, bis die Soße fast verdampft ist.
8. Den geriebenen Rettich leicht ausdrücken und auf den Hackbällchen verteilen.

(20 min + 2 h Kühlzeit)

Zutaten für 4 Personen

15 g Gelatine
2 Zitronen
2 etwas größere Mandarinen
250 g Zucker
500 ml Wasser
Eiswürfel

Mikankan to Lemonkan
Mandarinen- und Zitronengelee

1. Gelatine nach Packungsanweisung einweichen.
2. Zitronen und Mandarinen halbieren, 200 ml Saft vorsichtig auspressen, sodass die Schale nicht beschädigt wird, in zwei verschiedene Gefäße füllen und dann das restliche Fruchtfleisch entfernen.
3. Zucker, Wasser und Gelatine aufkochen und auf Zimmertemperatur abkühlen lassen.
4. Zitronensaft unter die Hälfte der Zucker-Wasser-Lösung rühren, Mandarinensaft unter die andere Hälfte rühren.
5. Die Masse jeweils in die dazugehörigen Schalen füllen.
6. Im Kühlschrank fest werden lassen.

Dieses Gelee darf nicht in der Sonne stehen oder zu stark erwärmt werden, da es sich sonst leider auflöst.

Und was uns Fumi noch über Japan und die japanische Küche erzählt:

»Japan ist ein wunderschönes Land mit ganz viel Meer drum herum, ist ja auch eine Insel. Genau genommen besteht Japan aus mehreren Inselgruppen. An Japan mag ich natürlich auch das Essen, denn das ist immer frisch, appetitlich und sehr fein! Das mag daran liegen, dass die Japaner besonders darauf achten, nur das auf ihren Speiseplan zu schreiben, was auch gerade auf den Feldern wächst! Saisonale Küche eben.«

Übrigens:

Auch Sushi ist ein Kindererlebnis – wenn man es selbst zubereitet. Wir machen das traditionell immer an Silvester mit unseren Kindern – besser gesagt: Inzwischen machen es die Kinder, und wir gucken zu. Und jeder darf sich seine Füllung selbst bestellen – Gurke, Lachs, Eierstich, mit Sesam oder ohne Sesam …

Wir sagen »Arigato« und »Auf Wiedersehen« und machen noch mal lauter kleine Verbeugungen, bis es uns schon ganz schwindelig wird und Japan nur noch wie ein kleiner roter Punkt aussieht.

Notlandung auf dem KARTOFFELACKER

Oh je, ein seltsames Geräusch im Triebwerk, wahrscheinlich verträgt sich der Mikrowellenantrieb mit dem Paprika-Pfeffer-Sprit nicht ... wir stürzen!!!! Uiiiiuiiiiiuiiiii, mööp, mööp – Achtung, Achtung, alles anschnallen – Notlandung – uiiiiuiiii, mööp, mööp – Alarm!!! Captain – vor uns – ein Landeplatz! Ratter, ratter – holper – zack!!!!! Zischschschschsch – Alles raucht! Hust, hust – Wir haben es geschafft – mit einem gewaltigen Knall sind wir auf einem Kartoffelacker gelandet.
Eintrag ins Logbuch: Notlandung auf dem Kartoffelacker wegen Motorschaden – die Crew ist wohlauf! Aber – oh Schreck! Kartoffeln, so weit das Auge reicht!

»Oh je, wir fühlen uns fallen gelassen wie ne heiße Kartoffel!«

Die Kartoffel ist wohl das vielseitigste Gemüse, das es gibt – denn die Liste der Gerichte, die man aus ihr machen kann, hört gar nicht mehr auf. Grund genug für uns, sie mal richtig unter die Lupe zu nehmen. Und unser Kartoffelwochenende beginnt ...

Zunächst stellen sich für unsere Stadtkinder gleich viele elementare Fragen:
Wie wächst eigentlich eine Kartoffel? Wie sieht eine Kartoffelpflanze aus? Wann wurde die Kartoffel entdeckt und von wem? Wer ist eigentlich der Kartoffelkönig?

Wussten Sie, dass es in München ein richtiges Kartoffelmuseum gibt, in dem man alles über die Kartoffel erfahren kann? Hier erfahren wir eine ganze Menge darüber.

Weiter gehts auf den Markt. Da gibt es viele verschiedene Sorten von Kartoffeln (es gibt über 1000 verschiedene Kartoffelsorten – na ja, nicht auf dem Markt, aber auf der Welt!).
Wir kaufen:
Süßkartoffeln aus Israel, Cubio- oder Zimtkartoffeln aus Kolumbien, Topinambur, Trüffelkartoffeln, Grenaille aus Italien und auch ein paar ganz normale Nicolas und viele, viele mehr!

Wir kaufen hiervon zwei und davon drei und noch eine davon – die Verkäufer sind ein bisschen verstimmt darüber, denn jede Kartoffelsorte hat einen anderen Kilopreis – aber wir bleiben hartnäckig!

Fumi: »Genau, denn unsere Crew besteht ja nicht aus einer ganzen Schulklasse, und wir wollen die Kartoffeln ja tatsächlich essen und nicht nur schrumpeln lassen!«

Außerdem gehen wir noch auf die Suche nach der kleinsten und der größten Kartoffel, und mir fällt auf, dass die knolligen Nasenkartoffeln so gut wie ausgestorben sind – denn wir suchten auch nach Kartoffeln mit Gesichtern, aber anscheinend erreichen die gar nicht mehr den Markt, sondern werden schon vorher aussortiert – wie gemein!

Schwer beladen erreichen wir unsere Küche, und dann geht es los. Wir kochen: Kartoffelschnee (manche nennen es Kartoffelpüree), Kartoffelfinger (klingt brutal, ist aber lecker), Kartoffelpuffer ... Aber sehen Sie selbst:

Wir kochen und kochen, die Kinder schnibbeln und schnibbeln und stampfen und rühren und reiben die Kartoffeln ohne Erbarmen – und schließlich steht der ganze Tisch voll mit den tollsten Kartoffelgerichten (er biegt sich fast). Wie das duftet!!!

Auf los gehts los, und jeder probiert von allem – na ja, bis auf die lila Chips, die probieren wir nicht, denn die sind plötzlich weg – und zwar alle! In der Hannah! Wir gehen mal davon aus, dass sie köstlich waren. Auf die Frage, was den Kindern denn jetzt am besten geschmeckt hat (wir wollen ja ein Feedback für unsere Arbeit haben), antwortet Hannah wie aus der Pistole geschossen: »Die Tomaten!« (Und das nach drei Stunden, in denen wir nichts anderes getan haben als Kartoffelgerichte zu kochen!) Und Luca meint: »Die Gnocchi schmecken ... hm ... nach nichts!«

Paulina ist absoluter Fan der Kartoffelpuffer mit Apfelmus, und Jakob auch! Jakob liebt außerdem den Kartoffelsalat seiner Uromi, und mir hat es die Kartoffelsuppe angetan. Am Ende schwelgen wir noch in der Schüssel mit der Süßkartoffelnachspeise. Fumi – die ist so lecker!

Kartoffelschnee (-püree/-brei)

(35 min)

1 kg Kartoffeln
Salz
ca. 50 g Butter
250–375 ml Milch

1. Kartoffeln schälen und ca. 20 Minuten kochen. Noch heiß in eine Schüssel geben, mit einer Kartoffelpresse oder einem Holzstampfer zerstampfen.
2. Salzen, Butter dazugeben und mit einem Rührgerät verrühren.
3. Nach und nach die Milch unterziehen, weiterrühren, bis es ein schöner, nicht zu weicher Schnee (Püree, Brei) geworden ist.

Schmeckt gut als Beilage zu Fleischspeisen.

Kartoffelfinger

1. Gekochte Kartoffeln zerstampfen.
2. Ei, etwas Salz und so viel Mehl dazugeben, bis es einen nicht zu festen Teig ergibt, gut durchkneten.
3. Mit in Mehl getauchten Händen fingerdicke und fingerlange Nudeln formen und in heißem Fett in einer Pfanne auf allen Seiten backen.

Passt gut als Beilage zu Braten und Fleischgerichten – schmeckt aber auch einfach so aus der Hand und ist auch noch am nächsten Tag in der Brotzeit sehr lecker!

(20 min)

500 g gekochte Kartoffeln
1 Ei
Salz
Mehl
Fett

Kartoffelpuffer mit Apfelmus

(auch Reibekuchen oder Reiberdatschi genannt)

1. Die Kartoffeln waschen, schälen und mit der Reibe fein raspeln.
2. Die Eier verquirlen und mit dem Mehl und dem Salz unter die Kartoffelmasse mischen.
3. Den Backofen zum Warmhalten der fertigen Kartoffelpuffer auf 100 °C vorheizen.
4. Je 1 EL Butterschmalz in der Pfanne erhitzen und aus 3–4 EL Kartoffelmasse die Puffer herausbacken, bis sie leicht bräunlich sind. Das dauert meist bei den ersten Puffern etwas länger – deshalb sollte man zu Beginn die Pfanne stärker erhitzen und für die folgenden Puffer die Hitze etwas herunterregeln.
5. Für das Apfelmus die Äpfel schälen, in Stücke schneiden und Kerngehäuse herausschneiden. Die Äpfel in einen großen Topf geben.
6. Etwas Wasser in den Topf geben und alles bei mittlerer Hitze so lange kochen, bis die Äpfel weich werden und zerfallen. Alles noch einmal mit einem Stampfer zerkleinern oder mit einem Pürierstab pürieren.

Apfelmus schmeckt auch lecker als Nachspeise mit geschlagener Sahne und Schokostreuseln!

(45 min)

1 1/2 kg Kartoffeln
2 Eier
3 gehäufte EL Mehl
1 TL Salz
80 g Butterschmalz
6–8 säuerliche Äpfel (am besten Boskop)

Gnocchi

(40 min)

1 kg mehlig kochende Kartoffeln
ca. 200 g Mehl
Salz

1. Die Kartoffeln schälen und abkochen (oder umgekehrt – wie Sie es lieber mögen).
2. Abkühlen lassen und mit einem Stampfer zerdrücken.
3. Mit den Händen einen Teil des Mehls unterkneten und die Teigmasse salzen. Geben Sie so viel Mehl hinzu, dass der Teig schön trocken wird, aber immer noch fest zusammenhält und nicht vor lauter Trockenheit zerfällt.
4. Mehl auf eine Arbeitsfläche streuen und lange »Teigwürste« rollen. Diese in kleine Gnocchistücke teilen. Wenn man will, kann man die Gnocchi noch einzeln per Hand abrunden.
5. Das Salzwasser zum Kochen bringen, die Temperatur herunterregeln und die Gnocchi in siedendem Wasser kochen. Schwimmen sie auf der Wasseroberfläche, werden sie mit einem Schaumlöffel herausgeholt.

Achtung: Ich habe viele Rezepte durchgelesen – meine Gnocchi sind erst auf den zweiten Versuch gelungen, denn die Beschaffenheit des Teiges spielt eine wesentliche Rolle sowie das köchelnde – nicht kochende – Wasser.

Mein Tipp: Geben Sie zuerst nur vier bis fünf Gnocchi ins Wasser, beobachten Sie, ob diese nach kurzer Zeit an die Oberfläche steigen und auch dann noch aussehen, wie Gnocchi aussehen sollen – dann können Sie die weiteren noch wartenden Gnocchi ins Wasser geben. Lösen sich die ersten Probegnocchi völlig auf, muss noch einmal etwas an der Teigbeschaffenheit geändert werden: mehr Mehl, mehr Kartoffeln ...

Zu Gnocchi schmecken Tomatensoße und Parmesankäse sehr lecker, aber auch andere Nudelsoßen wie Käse- oder Sahnesoße passen hervorragend.
Sind Sie ein Gnocchikochprofi, geben Sie dem Teig doch mal Parmesan, gekochte, zerdrückte Möhren oder Spinat hinzu – oder mischen Sie die Kartoffeln zur Hälfte mit Süßkartoffeln ...

Pommes frites

Beim Kartoffelschnibbeln können Kinder mithelfen – das Frittieren übernehmen allerdings besser immer die Erwachsenen. Falls das Fett spritzt, sollten die Kinder lieber vom heißen Topf Abstand halten.

1. Kartoffeln schälen und in Stifte schneiden. Mehrmals waschen, sorgfältig trocknen, damit das Fett nicht so stark spritzt.
2. In einem hohen Topf das Pflanzenfett erhitzen. Das Fett muss eine hohe Temperatur haben. Am besten lässt sich die Hitze mit einem Holzstab oder einem umgedrehten Holzkochlöffel kontrollieren: Holzstab in das Fett halten. Wenn sich Blasen bilden, ist die Frittiertemperatur erreicht.
3. Jetzt Kartoffelstifte portionsweise in das Fett geben. Nach einer Minute herausnehmen, abtropfen lassen und auf ein Küchentuch legen. Haben alle Kartoffelstifte einmal im Fett gebadet, das Fett nochmals kräftig erhitzen und alle Pommes noch einmal 5–7 Minuten hineingeben, bis die Pommes goldbraun werden.
4. Herausnehmen und mit Salz bestreuen.

(45 min)

800 g rohe Kartoffeln
1 1/2–2 l Pflanzenfett
Salz

Kartoffelchips

Sie werden genauso wie Pommes zubereitet, nur werden hier die Kartoffeln mit der Reibe hauchdünn geschnitten. Verschiedene Kartoffelarten ergeben verschiedene Kartoffelchips. Auch sehr lecker!

Kartoffelsalat à la Sabines Omi

1. Kartoffeln am Vortag kochen und schälen.
2. Äpfel schälen, Kerngehäuse entfernen, die Früchte in kleine Würfel schneiden.
3. Eier, Kartoffeln und Gurken ebenfalls in Würfel schneiden, alles miteinander vermengen, mit Mayonnaise, ein wenig Essiggurkenwasser, Senf und Salz und Pfeffer abschmecken.
4. Der Salat sollte mindestens 5 Stunden im Kühlschrank durchziehen.

(ca. 20 min + 5 h Ruhezeit)

1 kg festkochende Kartoffeln
2 saure Äpfel (am besten Boskop)
2 hart gekochte Eier
5 Essiggurken
ca. 60 ml Mayonnaise
etwas Essiggurkensaft
1 TL Senf
Salz, Pfeffer

Gratin

1. Eine flache ofenfeste Form dünn mit der Hälfte der Butter ausfetten.
2. Die Kartoffeln schälen, in sehr feine Scheiben hobeln und in die Auflaufform wie Dachziegel hineinschichten.
3. Den Ofen auf 180 °C vorheizen.
4. Eier, Salz, Pfeffer, Schmand und Milch verquirlen und über die Kartoffeln gießen.
5. Das Gratin ca. 45 Minuten im Backofen garen und möglichst heiß servieren.

Gratin kann als Hauptgericht mit einer Portion Salat oder als geschmeidige Beilage zu kräftigen Fleischgerichten serviert werden.

50 g Butter
1 kg festkochende Kartoffeln
2 Eier
Salz, Pfeffer aus der Mühle
2 EL Schmand
ca. ½ l Milch

(25 min + 30 min Kochzeit)

500 g mehlig kochende Kartoffeln
2 große Möhren
2 Zwiebeln
1 Stange Lauch
50 g Butter
1 1/2 l Gemüsebrühe
250 ml Sahne

Kartoffelsuppe

1. Die Kartoffeln, die Möhren und die Zwiebeln schälen, den Lauch putzen.
2. Das Gemüse in grobe Würfel schneiden.
3. In einem Suppentopf die Butter erhitzen und darin zuerst die Zwiebeln goldgelb anbraten.
4. Das restliche Gemüse kurz mit andünsten.
5. Danach die Gemüsebrühe dazugießen und ca. 30 Minuten zugedeckt köcheln lassen.
6. Die Suppe mit einem Pürierstab sämig zerkleinern. (Die Suppe schmeckt auch unpüriert sehr gut! Kinder finden undefinierbare »Brocken« in der Suppe oft seltsam.)
7. Die Sahne dazugießen und mit einem Löffel unterziehen.

(15 min)

600 g Süßkartoffeln
8 EL Zucker
100 ml Sahne
Extras: Zimt, Puderzucker, Vanilleeis

Fumi, der Süßkartoffeltraum

1. Die Süßkartoffeln schälen, in kleine Stücke schneiden und in einen Topf legen.
2. Mit kaltem Wasser bedecken, zuckern und aufkochen.
3. Bei mäßiger Temperatur weich kochen (mit einem Holzstäbchen testen), vom Herd nehmen und das restliche Wasser abgießen.
4. Die Sahne zugießen.
5. Mit einem Pürierstab die Süßkartoffel-Sahne-Masse herstellen, nach Geschmack nachsüßen oder mit Zimt und Puderzucker bestreuen.

Das Mus kann nun direkt in Schälchen gefüllt und warm gelöffelt werden. Abgekühlt kann es gut zu einer Kugel Vanilleeis serviert werden, oder man kann es durch eine Sahnetülle in ein Papierförmchen spritzen und noch für mindestens 30–40 Minuten im Ofen bei 180 °C leicht kross backen.

Ofenkartoffeln

1. Die Kartoffeln mit der Schale gründlich unter fließendem Wasser abbürsten und halbieren.
2. Das Ofenblech leicht einfetten (mit Öl oder Butter), die halbierten, rohen Kartoffeln darauf verteilen, salzen, mit Kräutern bestreuen und mit Olivenöl beträufeln.
3. Bei 175 °C ca. 1 Stunde im Ofen backen (wenn es mal schneller gehen soll, dann können die Kartoffelhälften in Salzwasser 5–10 Minuten vorgekocht werden, bevor sie zum Knuspriggaren in den Ofen kommen).

Ofenkartoffeln schmecken wunderbar zu Fleisch- und Fischgerichten, aber auch solo mit Kräuterquark oder Joghurt und Salat.

(10 min + 1 h Backzeit)

Biokartoffeln, je nach Personenanzahl (auf ähnliche Größen achten, damit die Garzeiten gleich sind)
Öl oder Butter zum Einfetten
Salz
Kräuter nach Belieben wie **Rosmarin**, **Thymian**, **Oregano** (am besten feste und nicht zu blättrige Kräuter, die würden sonst im Ofen verbrennen)
Olivenöl

Was kann man noch mit Kartoffeln machen?

Kartoffeldruck

Was braucht man dazu?
- Kartoffeln
- Plätzchenausstechformen
- Papier oder Stoffe
- Je nachdem Acrylfarbe oder Stofffarbe
- Messer

Wie geht das?
1. Kartoffel in zwei Hälften schneiden.
2. Gewünschte Ausstechform in die Kartoffel drücken.
3. Außen herum mit einem »Schnitzmesser« schnitzen.
4. Ausstechform aus der Kartoffel ziehen.
5. Kartoffelstempel mit gewünschter Farbe bemalen.
6. Stempeln.
7. Bei den meisten Stofffarben muss man von links erst noch gegenbügeln, um die Farbe zu fixieren!

Fertig! Und was man damit alles bedrucken kann: Schürzen, Geschirrtücher, Stoffservietten, T-Shirts, Tischdecken, Geschenkpapier, Briefpapier, Visitenkarten, Einkaufstaschen, Turnbeutel, Kopfkissen, Tüten, Arme, Beine, Fotoalben, Einladungskarten, Postkarten, Kunstwerke und vielleicht sogar die Wände?

Kartoffelwickel

Wenn bei uns jemand starke Halsschmerzen hat, bekommt er einen schönen dicken Kartoffelwickel – der soll die Entzündung herausziehen.

Das geht so:
1. Kartoffel abkochen.
2. Tuch bereitlegen
3. In ein Küchentuch die heiße Kartoffel zerdrücken.
4. Das Küchentuch in ein größeres Halstuch legen und vorsichtig um den kranken Hals wickeln.

Unbedingt fühlen, ob die Kartoffel noch zu heiß ist, denn das kann an der Haut rote Stellen hinterlassen. Gegebenenfalls noch ein zusätzliches Handtuch dazwischenlegen und die Lagen entfernen, wenn die Kartoffel etwas kühler geworden ist.

Und was ist eigentlich eine Couchpotato?

Das sind Leute, die nur noch vor dem Fernseher sitzen, Chips mampfen und Bier trinken. Bewegung und frische Luft sind Fremdworte für eine Couchpotato. Also lassen Sie es nicht so weit kommen ... andererseits ist es auch mal wunderschön, eine Couchpotato zu sein. Wie wäre es mit einem wirklichen Couchpotatotag der Couchpotatofamilie?! Supergemütlich!

Fumi: »Aber das Bier sollten Sie gegebenenfalls selbst trinken und natürlich nicht Ihre Kinder!«

Es tut so gut, eine Couchpotato zu sein.

Und unser Kartoffelkönig ist ein richtiger Couchpotato.

Zusammen mit Nicola, Bruce, Sieglinde, Gloria und Adretta kann er auf der Couch rumsitzen, bis er schrumpelt ...

Wir machen uns vom Acker und schieben das Suppenschüsselmobil weiter – in der Hoffnung, bald eine Werkstatt zu finden. Und dann vielleicht auch wieder was zu essen – eine klitzekleine Kleinigkeit ...

Eintrag ins Logbuch: Wohlgenährt stehen wir auf dem Kartoffelacker rum - die Crew ist satt, aber ratlos - Suppenschüsselmobil macht keinen Mucks mehr - da entdeckt Crewmitglied Jakob einen Wegweiser: Tankstelle → Milchstraße. Wir klettern in Pfeilrichtung nach oben die ewig lange Leiter hinauf - Durst!!! - Erst mal auftanken!

An der Tankstelle

Auf der Milchstraße müssen wir natürlich erst mal durch den Milchtest. Wir testen: Buttermilch, Kuhmilch, Ziegenmilch, Sojamilch, Reismilch und Molke. Und hier unsere Ergebnisse:

Kuhmilch (oder auch Muh-Saft genannt) kennt ja jeder: lecker – vertraut – Milchbart – gut! Ziegenmilch: erinnert an Ziegenkäse, schmeckt im ersten Moment nach Milch, doch im Nachgeschmack hat man das Gefühl, ein Stückchen Ziege auf der Zunge zu haben. Paulinas ganz klarer Favorit! Buttermilch: gut, aber nicht der Kinder Liebling. Sojamilch: lecker, einfach lecker, aber ich glaube, da ist extra Zucker drin ... Reismilch: na ja, zur Not geht's schon! Molke: sagt eigentlich schon der Name: MOLKE – das kann ja nichts werden. Unser aller Meinung: Bäh!! Und klarer als Hannah kann man es nicht sagen: Sie spuckt es einfach wieder aus. Trotzdem soll es ja Leute geben, die Molke gut finden ... Geschmäcker sind eben verschieden!

Der kleine Shaker

Kennen Sie die Peanuts? Da sitzt Peppermint Patty mit Marcie hinter einem aus Obstkisten zusammengehämmerten Stand an der Straße und verkauft Saft. Solch ein »Saftladen« ist im Sommer auf einem Fest eine schöne Sache: Lassen Sie die Kinder Cocktails kreieren, Namen für diese erfinden, und schon haben sie kleine geschäftstüchtige Shaker!

Auch wir tanken auf und mixen uns eigene Shakes ... zum Teil nach Anleitung, zum Teil frei erfunden ... zum Teil lecker fruchtig, zum Teil cremig ... und zum Teil gruselig. Alles ist dabei – dafür probiert man ja auch aus.

Über Geschmack lässt sich bekanntlich streiten

Wieso verlangen wir von unseren Kindern eigentlich, dass sie alles aufessen? Ich glaube, die meisten Schwierigkeiten mit Kindern beim Essen brocken wir uns selbst ein mit Sätzen wie: »Was auf den Tisch kommt, wird gegessen!« (Einer der gefährlichsten Sätze überhaupt, denn meist kommen bei uns auch Teller, Gabeln, Messer und Töpfe auf den Tisch.) Wussten Sie, dass Kinder, je kleiner sie sind, umso mehr Geschmacksnerven haben? Ich versuche mir gerade logisch vorzustellen, was das bedeutet. Würden wir noch mehr schmecken … noch bitterer … noch salziger … noch schärfer …, würden uns vielleicht viele Dinge auch ein Graus sein. Einen Tag mit Kindergeschmacksnerven erleben … und wir würden von unseren Kindern höchstwahrscheinlich nie mehr verlangen, dieses oder jenes zu essen, wenn sie es einfach nicht mögen.

Was braucht man für einen Shakertag?

- Früchte aller Art
- Mixer oder Pürierstab
- Zitronenpresse
- Crashed Ice (einige Tage vorher dran denken)
- Milch
- Joghurts
- Säfte aller Art
- Kokosnussmilch
- Honig
- Sirup
- Getränke wie Almdudler oder andere Kräuterlimonaden
- Shaker – wenn vorhanden
- Holzspieße, Obst oder Süßkram für die Dekoration der Gläser

Und das ist dabei rausgekommen:

Unsere Lieblinge

Gretls Mixgetränk

Dieser Shake weckt Erinnerungen an meine Kindheit. Wenn ich meine Omi (ich hatte eine Omi und eine Oma) besuchte, setzten wir uns immer an den kleinen Tisch in der Küche, spielten ein Kreiselspiel und bereiteten anschließend das Mixgetränk vor.

Man braucht:
1–2 reife Bananen
2 Joghurts
Saft von 1 Grapefruit oder Orange
Honig nach Belieben

Alles in den Mixer – mixen – fertig!
Für manche Menschen (wie für mich auch) ist es einfacher, seine Vitamine in flüssiger Form zu sich zu nehmen.

Kräuterdudler

Man braucht:
Limetten
2 TL brauner Zucker pro Glas
Saft von einer halben
Zitrone pro Glas
Almdudler, Ginger Ale oder ähnliche Kräuterlimonade
Und ganz wichtig:
Crashed Ice

Alles in den Mixer – mixen – fertig!

Ampeldrink

(er heißt so wegen der drei Farben, die er hat)

Waldmeistersirup
Bananensaft
Kirsch-/Cranberrysaft gemischt
ein blaues isotonisches Sportgetränk

Die Flüssigkeiten vorsichtig über einen Löffel in das Glas gießen, damit die einzelnen Schichten entstehen.

Fumis Sanddornmix

Es gibt nun mal Dinge, die sind nett gemeint, mit Liebe gemacht, aber schmecken tun sie trotzdem nicht – und da gehört meiner Meinung nach Fumis Sanddornmix eindeutig dazu.

Allerdings ist er gesund. Und was Sanddorn noch so alles kann, das erklärt uns jetzt unsere Fachfrau:

Fumis Sanddornbericht:
»Also, ich muss schon sagen ... darauf brauch ich erst mal einen Schluck Sanddornsaft! Ja, an der Flasche puren Sanddornsaft zu schnuppern, gehört schon zu den eher harten Mutproben im Bereich der Küche. Aber zu meiner Verteidigung: Sanddornbeeren haben einen sehr hohen Vitamin-C-Gehalt (viermal so viel wie Zitronen oder Orangen). Wenn man möchte, kann man den Sanddornsaft in dezenten Mengen und mit einem ordentlichen Klecks Honig unter Buttermilch mischen, dann erhält man ein erfrischendes, aufbauendes Getränk ... das einem vielleicht keiner wegtrinkt.

Während unsere Bäuche schon ganz schön glucksen, fallen uns noch viele Dinge ein, die man hier machen kann.

Was man mit Flaschen machen kann!

Und wenn wir schon bei Flaschen sind, was kann man noch alles mit Flaschen machen? Wie wäre es mit einer Flaschenpost, Flaschendrehen, Flaschen als Vasen, Flaschen zum Sammeln, Flaschen als Kerzenhalter? Oder befüllen Sie einige Flaschen mit unterschiedlich viel Wasser und lassen Sie die Kinder durch Hineinpusten Musik damit machen – so kann man eine ganze Tonleiter herstellen. Auf den richtigen Pfiffwinkel kommt es allerdings an, der schonste Ton entsteht, wenn man die Oberlippe

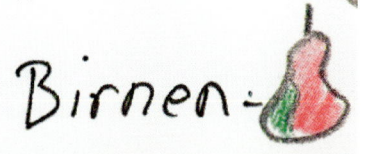

Birnen-

ein wenig über die Unterlippe schiebt und zart in die Flasche pustet – ähnlich wie Querflötenspieler in ihre Instrumente pusten.

Apropos pusten ... was kann man mit Strohhalmen eigentlich alles machen? (Ich dachte ja eigentlich, das heißt Strohhelme – aber Strohhelme haben wohl Dschungeljäger auf dem Kopf und die haben nichts mit den Strohhalmen zu tun, aus denen man trinken kann.)

Fische angeln

Man braucht dazu:
- Je 1 kleinen Teich und 1 großen Teich aus Papier
- Fische aus Papier
- Strohhalme

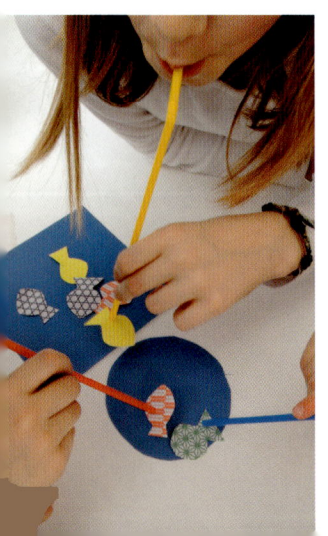

Und so geht es:
1. Die Fische in den kleinen Teich legen.
2. Nach den Fischen angeln. Das Angeln funktioniert, indem man den Strohhalm auf den Fisch richtet und ansaugt.
3. Den angesaugten Fisch vom Halm in den großen Teich fallen lassen.

Pustebilder

Nichts Neues ... das kennt jeder, aber immer wieder schön!

Man braucht dazu:
- Wasserfarben
- Papier
- Pinsel
- Wasserbecher mit Wasser
- Strohhalme

Und so geht es:
1. Sehr nasse Wasserfarben auf das Papier klecksen.
2. Strohhalm ansetzen und mit Pusten weitermalen. (Mit dem Pinsel wird die Farbe vom Farbkasten auf das Papier gepinselt, damit man es dann »verpusten« kann.)

Natürlich kann man mit Strohhalmen auch noch trinken, oder man baut den längsten Strohhalm der Welt und trinkt mit dem, oder man bastelt mit Strohhalmen ein Kunstwerk, oder man blubbert ein Konzert ins Wasser, während man badet (das kann man auch ohne Strohhalm, ich weiß, aber mit macht es auch mal Spaß), oder man pustet Seifenblasen mit Strohhalmen oder ...

Da liegen ja Bierfilzl! Auch Bierdeckel oder Bieruntersetzer genannt – sogar, wenn man eine Limo draufstellt ...

Super für Wartezeiten in Restaurants

Tic Tac Toe

Was braucht man?
- 1 Stift
- 1 Bierfilzl
- 6 Kronkorken (davon jeweils 3 in derselben Farbe)
- 2 Spieler

Und so geht es:
1. Man malt jeweils zwei Striche auf ein Bierfilzl – zwei von links nach rechts und zwei von oben nach unten –, damit ein Viereck mit neun Kästchen entsteht.
2. Dann braucht man noch sechs Kronkorken, je drei von einer Farbe, und dann kann es losgehen.
3. Der erste Spieler legt einen Kronkorken, dann der andere und so weiter.
4. Wer als Erstes eine Dreierreihe (auch eine diagonale ist erlaubt) gebildet hat, hat gewonnen.

Das Salz-gegen-Pfeffer-Spiel
Was braucht man?
- Bierfilzl (soviel am Tisch oder am Nachbartisch liegen)
- Salz- und Pfefferstreuer
- 1 neutralen Spieler
- 2 Spieler
- Glasuntersetzer

Und so geht es:
1. Die Bierfilzl werden in die Mitte des Tisches gelegt – in einer Art Spirale oder einem Kreis. Gemeinsam legt man Start- und Zielfeld fest.

2. Salz- und Pfefferstreuer werden auf das Startfeld gestellt.

3. Jetzt wird der neutrale Mitspieler als Würfel eingesetzt. Der Spieler, der an der Reihe ist, sagt zu ihm: »Los.« Jetzt fängt der Würfel an, im Geiste von eins bis sechs zu zählen, und wenn er bei sechs angekommen ist, beginnt er wieder von vorne, bis der Spieler, der an der Reihe ist, zum Würfel »Stopp« sagt.

4. Dieser teilt die Zahl mit, und der Spieler darf mit seinem Salz- bzw. Pfefferstreuer die Bierfilzlanzahl vorrücken.

5. So geht das immer weiter, bis der erste Streuer im Ziel ist.

Das berühmte Bierfilzlkartenhaus kennt ja wohl jeder.

Bierfilzlschlacht

Was braucht man?
- 1 Tau
- 1 richtig große Fläche, z. B. eine Wiese
- viele Kinder
- 1 Schiedsrichter
- viele Bierfilzl

Und so geht es:
1. Das Tau auf eine Wiese legen.
2. Es bilden sich links und rechts des Taus zwei Mannschaften zu je gleich vielen Kindern (und/oder Erwachsenen).
3. Der Schiedsrichter pfeift das Spiel an und wirft gleichzeitig zwei gleich große Stapel Bierfilzl in jede Mannschaft.
4. Jetzt wird gesammelt und geworfen. Jeder Spieler sammelt Bieruntersetzer auf und wirft sie in das andere Feld. Aufheben und werfen, aufheben und werfen.
5. Nach kurzer Zeit (je nach Belieben, aber ich denke, 2–3 Minuten wären ausreichend) pfeift der Schiedsrichter das Spiel ab. Dann darf kein Bierfilzl mehr fliegen.
6. Jetzt wird ausgezählt. Die Mannschaft, die die wenigsten Deckel auf ihrer Seite liegen hat, hat gewonnen!

Und nach der ganzen Spielerei gibt es jetzt auch noch selbst gemachtes Eis, da wir noch so viele Zutaten übrig haben.

Eis

Und so geht es:

1. Himbeeren mit 50 g Zucker, Vanillinzucker, Saft und 3 EL Zitronensaft in einem Topf dünsten. Anschließend pürieren und abkühlen lassen.
2. Sahnejoghurt mit 50 g Zucker und 5 EL Zitronensaft glatt rühren.
3. Erst Himbeermasse, dann Joghurt in die Joghurtbecher füllen.
4. Stiele in die Mitte stecken (falls nötig, mit Alufolie fixieren, damit der Stiel nicht umfällt). Und jetzt im Tiefkühlfach ca. 4 Stunden gefrieren lassen.
5. Beim Herausnehmen die Joghurtbecher kurz unter warmes Wasser halten, dann lässt sich das Eis leicht am Stiel herausziehen.

Die Himbeeren kann man natürlich auch gegen Brombeeren, Rhabarber oder etwas Ähnliches eintauschen.

Was braucht man?
- 200 g Himbeeren (können auch tiefgekühlt sein)
- 100 g Zucker
- 1 Päckchen Vanillinzucker
- 125 ml Saft (zum Beispiel roter Johannisbeer- oder Traubensaft)
- 8 EL Zitronensaft
- 200 g Sahnejoghurt
- 6 ausgespülte Joghurtbecher und Holzstiele (Eisstiele gibt es in Bastelläden oder etwas größer in Apotheken, oder man friert einfach einen Eierlöffel als Stielersatz mit ein)

Nasenbecher

Ein echter Gag für Partys. Und praktisch noch dazu. Denn so findet jeder seinen Becher wieder (»Sie trinken gerade aus meiner Nase«).

Wie geht das?
1. Wir suchen im Internet, auf Fotos oder in Zeitschriften nach passenden lustigen Mensch- oder Tiernasen.
2. Dann drucken und schneiden wir sie aus und kleben sie auf Pappbecher.
3. Wenn man jetzt aus diesen Bechern trinkt, sieht es so aus, als hätte man eine brandneue Nase.

So kann man auf jeder Party seinen Becher wiederfinden! »Entschuldigung, haben Sie meinen Schweinenasenbecher gesehen?« – »Nein, mir ist nur vorhin jemand mit einem Adlerzinken aufgefallen ...«

Total erfrischt und aufgetankt verlassen wir mit einem Kanister Spezialsuppenschüsselsprit die Tankstelle und fliegen mit glucksenden Bäuchen weiter.

Also: Prost! Serefe! Salud! Skal! Noroc! Tim-tim! Salute! Proost! Op uw gezondheid! Shereve! Genatsoot! Osasuna! Gom bui! Gan bei! Cheers! Kippis! Santé! Jàmas! Mahalu! Le`chàjim! Selamat minum! Slàinte! Kanpai! Mazel tov! Kesak! Mogba! Salam ati! Na zdrowie! Saùde! Viva! Noroc! Vashe zdorovie! Mabuhay! Chokdee! Na zdravi! Djam!

Tausendundeine Nacht

Copilot an Pilot: »Seltsame Flugobjekte gesichtet – flach und bunt!«
Pilot an Copilot: »Was kann das sein?«
Copilot an Pilot: »Sie kommen näher, und es sind ... Teppiche ... fliegende ... Teppiche!«
Pilot an Copilot: »Ich glaube, wir haben unser nächstes Ziel erreicht ... den Orient. 1001 Nacht sind wir geflogen, und schon sind wir da!« Die Mannschaft: »Hurra!« Eintrag ins Logbuch: Wir legen eine sandweiche Landung hin und treten ein in eine andere Welt ... voller fremdländischer Geschmäcker! Einfach märchenhaft.

Der Orient ist groß – wir bauen uns ein Wüstenzelt aus einem Sonnenschirm und vielen Tüchern, richten dieses ein mit 1001 Kissen, damit wir richtig rumlümmeln können – mit den kleinen Tischchen fühlen wir uns wirklich wie in Tausenundeiner Nacht – ganz gemütlich sitzen und liegen wir da und lassen es uns schmecken.

Für 4 Personen
(30 min)

3 EL Sonnenblumenöl
1 klein gehackte Zwiebel,
500 g klein gehackte Zucchini
3 Eier
3 EL Mehl
200 g klein gebröselter Feta (Schafskäse)
2 Zweige frische, fein gehackte Minze
2 Zweige fein gehackter Dill
Frisch gemahlener Pfeffer
Pflanzenöl zum Braten

Und das gab es alles:

Zucchinipuffer mit Cacik (Gurken-Joghurt-Soße)

1. Das Sonnenblumenöl in einer Pfanne erhitzen und die Zwiebelwürfel darin bei gemäßigter Hitze goldbraun anbraten.
2. Die Zucchini dazugeben und ebenfalls weich anbraten. Gelegentlich umrühren.
3. Die Eier mit dem Mehl in einer Schüssel verschlagen und mit dem Schafskäse, der Zwiebel-Zucchini-Mischung sowie den Kräutern gut vermengen und pfeffern.
4. Eine beschichtete Pfanne mit etwas Öl ausgießen und pro Puffer etwa 2 EL der Masse hineingeben.
5. Den Puffer von beiden Seiten schön goldbraun braten und auf Küchenpapier abtropfen lassen.
6. Mit den anderen Puffern genauso verfahren, während die fertigen Puffer unter einer Alufolie zugedeckt warten, damit sie nicht zu sehr abkühlen.

Cacik (Gurken-Joghurt-Soße):

1. Die Gurke schälen, in Stücke schneiden, mit einem Teelöffel die Kerne entfernen, salzen, 15 Minuten ziehen lassen, auspressen und fein raspeln.
2. Den Joghurt mit den Kräutern, dem Knoblauch und den Gurken vermengen.
3. Mit Salz abschmecken, wobei die entwässerte Gurke oft schon genug Salz mit einbringt.

Kare Börei

(Blätterteigtaschen mit Hähnchen und Gemüse)

1. Die Zwiebeln putzen, waschen und in kleine Stücke schneiden. Tomaten häuten und fein würfeln. Petersilie waschen, trocken schütteln und hacken.
2. Den Backofen auf 220 °C (Umluft 200 °C) vorheizen.
3. Hähnchenbrustfilets in 1 1/2 cm große Würfel schneiden. Das Öl in der Pfanne gut erhitzen, das Fleisch darin hellbraun anbraten. Mit Salz und Pfeffer bestreuen. Zwiebeln mit Tomaten unterrühren und bei mittlerer Hitze 2 Minuten dünsten. Die Erbsen unterrühren und noch 1 Minute weiterdünsten. Alles mit Salz, Pfeffer, Koriander und Essig abschmecken und die Petersilie untermischen. Abkühlen lassen und das Eigelb unterrühren.
4. Zwei große Bleche mit Backpapier auslegen. Das Ei trennen. Den Blätterteig ausrollen und in ca. 12 x 20 cm große Rechtecke schneiden. Die Ränder mit Eiweiß einpinseln. In die Mitte einen Teil der Füllung legen. Eine Teighälfte darüberklappen, Ränder festdrücken.
5. Die Taschen auf das Blech legen. Das Eigelb mit 1 TL Wasser verrühren. Die Teigtaschen damit einpinseln, mit einer Gabel mehrmals einstechen und auf mittlerer Schiene in etwa 25 Minuten goldgelb backen.
6. Aus einem Restteig kann man – wenn man will – mit Plätzchenausstechformen einen Mond und einen Stern ausstechen und auf die fertigen Teigtaschen kleben.

(7 min + 15 min Wartezeit)

1 große Gurke oder mehrere kleine Salatgurken
Salz
500 g fetter Joghurt
1–2 fein gehackte oder gepresste Knoblauchzehen
Jeweils 2 Zweige fein gehackte Minze und Dill

Für ca. 6 Personen
(30 min + 25 min Backzeit)

1 Bund Frühlingszwiebeln
2 Tomaten
1/2 Bund glatte Petersilie
250 g Hähnchenbrustfilets
4 EL Olivenöl
Salz
schwarzer Pfeffer
100 g TK-Erbsen
1/4 TL gemahlener Koriander
1 TL Weinessig
1 Eigelb
1 Ei
1 Päck. Blätterteig (TK)
Mehl zum Ausrollen

Peynirli Pi aca

(Mit Käse gefüllte Brötchen)

(30 min + 30 min Wartezeit + 30 min Backzeit)

Zutaten für 8–10 Brötchen

50 g Butter
750 ml Milch
20 g Hefe
150 g Joghurt
750 ml Olivenöl
1 Ei
Salz
450 g Mehl
150 g Feta (Schafskäse)
1/2 Bund glatte Petersilie
1/4 Bund Dill
1/4 TL mildes Paprikapulver
1 EL schwarze Kümmelsamen

1. Die Butter schmelzen, abkühlen lassen und in eine Schüssel geben. Die Milch leicht erwärmen, die Hefe darin auflösen, mit dem Joghurt und dem Olivenöl vermengen. Das Ei trennen. Das Eiweiß ebenfalls zu den Zutaten in der Schüssel geben und alles mit dem Schneebesen verrühren. 1/2 TL Salz dazugeben.

2. Nach und nach das Mehl darübersieben und unterrühren, zuletzt unterkneten, sodass ein geschmeidiger, aber weicher Teig entsteht. Den Teig in 10 gleich große Portionen teilen, diese zu Bällchen rollen, auf ein Backbrett legen und mit einem Tuch bedeckt an einem warmen Platz 30 Minuten gehen lassen.

3. In der Zwischenzeit den Schafskäse in eine Schüssel geben. Die Kräuter waschen, trocken schütteln, hacken, dazugeben. Mit dem Paprikapulver verkneten.

4. Den Backofen auf 180 °C (Umluft 160 °C) vorheizen. Aus jeder Teigkugel mit leicht bemehlten Händen runde Plätzchen von ca. 10 cm Durchmesser formen, in deren Mitte 1–2 TL Schafskäse geben, zusammenfalten und die Ränder fest zusammendrücken.

5. Ein großes Blech mit Backpapier belegen und die Taschen darauflegen. Das Eigelb mit 2 EL Wasser verquirlen, die Taschen damit einpinseln und sie mit schwarzem Kümmel bestreuen. Im vorgeheizten Backofen (mittlere Schiene) ca. 30 Minuten backen.

Couscoussalat

1. Couscous in eine Schüssel geben.
2. 1/4 l Wasser aufkochen, mit Essig, Öl, Zimt und Salz vermischen.
3. Den Sud über den Couscous gießen und 5 Minuten (oder nach Packungsanweisung) quellen lassen.
4. In der Zwischenzeit die Tomaten waschen, entkernen und in kleine Würfel schneiden.
5. Die Zwiebel in ganz feine Würfel schneiden.
6. Den Couscous mit einer Gabel auflockern und mit den Tomaten, der Zwiebel und den Kräutern vermengen.

(10 min + 5 min Quellzeit)

Für ca. 4 Personen

200 g Couscous instant
3 EL Weißweinessig
3 EL gutes Olivenöl
1/2 TL gemahlener Zimt
1 TL Salz
3 Tomaten
1 kleine Zwiebel
2 EL in feine Streifen geschnittene Blattpetersilie
1 EL in feine Streifen geschnittene Minze

Neben den ganzen Leckereien füllen wir kleine Schälchen mit Oliven, Nüssen, Sonnenblumenkernen, Rosinen und Trockenobst. So können wir noch lange hier und da nach Belieben naschen.

Und was gibt's zu trinken?

Das war der Hammer! Ein Genuss ... die Kinder konnten nicht genug davon bekommen, und im Nu waren die Kännchen leer:

Chay (Tee)

In Wirklichkeit besteht die Seele eines guten Chay aus sehr starkem schwarzem Tee. Diesen haben wir für die Kinder ersetzt durch einen teeinfreien Roibuschtee.

Für 4 Personen

1 ganze Zimtstange
4 Kardamomkapseln (wer welche findet, ansonsten einfach weglassen!)
4 TL Roibuschtee (oder 2–3 Teebeutel)
reichlich brauner Zucker

1. Den Tee und die Gewürze in eine Teekanne geben und mit 750 ml heißem Wasser aufgießen.
2. Den Tee 6 Minuten ziehen lassen und danach entfernen, die Gewürze können gerne darin weiterziehen.
3. Mit braunem Zucker süßen.

Das Süßen zum Schluss ist ungemein wichtig. Seien Sie nicht zu zaghaft, denn die Süße bringt das Aroma besonders gut zur Geltung.

Zum Nachtisch gab es:

Mandelmilchpudding

1. Die Milch aufkochen und vom Herd nehmen.
2. Die Maisstärke in einem Schälchen mit 5 EL Wasser glatt rühren und in die heiße Milch einrühren.
3. Die Milchmasse auf kleiner Hitze etwa 15 Minuten garen und dabei ständig mit einem Holzlöffel umrühren, damit der Pudding nicht anbrennt.
4. Die gemahlenen Mandeln untermischen und weitere 20 Minuten fleißig rühren, bis die Konsistenz breiartig ist.
5. Den Zucker unterrühren, bis er sich aufgelöst hat.
6. Die Mandelessenz dazugeben, rühren und den Pudding in kleine Schälchen portionieren.
7. Gut abkühlen lassen und mit den gehackten Pistazien bestreut servieren.

(50 min + 30 min Auskühlzeit)

Für 6 Personen

1 l Milch
4 EL Maisstärke
100 g gemahlene Mandeln
100 g Zucker
3 Tropfen Mandelessenz
2 EL fein gehackte Pistazien

Märchen

Wenn wir alle kugelrund, satt, zufrieden und gemütlich in unseren Kissenbergen herumliegen, blättern wir in einem alten Märchenbuch und fangen mit dem Vorlesen an. Reihum geht das Buch, und jeder, der will und auch schon kann, liest einige Seiten. Die anderen hören zu, essen hier und da ein paar Nüsse und immer wieder von den Resten des leckeren Essens, das immer noch auf den kleinen Tischchen bei uns im Zelt liegt.

Vorlesen ist eben wahnsinnig gemütlich. Und durchaus für Erwachsene geeignet. Wie wäre es, sich einfach öfter wieder vorzulesen – auch den Großen? Denn Zuhören ist eine große Kunst, die man nicht verlernen darf. In unserer reizüberfluteten Welt müssen wir uns Räume schaffen, in denen Ruhe erlaubt ist und man seine Fantasie entfalten kann.

Unser Märchenbuch

Wie wäre es mit einem selbst gestalteten Märchenbuch? Wir haben eines seit vielen Jahren, da werden alle selbst erfundenen Märchen hineingeschrieben, die so im Laufe der Kindheit erfunden werden. Meine Tochter erfand schon Märchen, als sie noch gar nicht schreiben konnte, sie diktierte mir, und ich schrieb alles genauso auf.

Erfinden Sie doch mal auf langen Autofahrten eigene Geschichten. Einer fängt an:

»Es war einmal ein Pony.« Der Nächste sagt: »… das war nicht so weiß wie alle anderen.« Der Nächste: »… und auch nicht so schwarz wie alle anderen.« Der Nächste: »Es war grün.« Der Nächste: »Also versuchte es, herauszufinden, warum es so grün war, und ging los.«

Hat man eine Geschichte erfunden, kann man sie ins Märchenbuch eintragen und etwas Schönes dazu zeichnen. Anhand dieser Geschichten kann man auch sehen, wie die Kinder wachsen, denn sie schmücken ihre Geschichten plötzlich immer mehr aus und zeichnen immer detaillierter.

Kochlöffelmärchentheater

Und weil es so schön ist, das Kochen, das Märchenvorlesen und das Geschichtenerfinden – basteln wir uns ein Kochlöffeltheater!

Was braucht man?
- Holzkochlöffel nach Belieben
- Stoffreste, Wolle, Borten etc.
- Kleber
- Schere
- Farbe
- 1 Rahmen für das Theater

Und so geht es:

1. Kochlöffel mit Stoffen und anderem Dekomaterial verzieren.
Da kann ein Koch, eine Prinzessin, ein Scheich, ein Löwe, ein Kasperl entstehen, eben all diejenigen Figuren, die man für seine Geschichte braucht.
2. Als Theater hängen wir einen riesigen Rahmen von der Decke herunter, und schon kanns losgehen:

»Meine Damen und Herren, hier kommt das berühmte Kochlöffeltheater!!!«

Wunschkiste

Was braucht man?
- Holzkistchen (evtl. Zigarrenkistchen oder etwas Ähnliches)
- Farben
- Pinsel
- Evtl. Glitzer

Und so geht es:

Wunschkiste märchenhaft gestalten … anmalen … mit Glitzer bekleben.

Jedes Familienmitglied kann jetzt, wenn ihm danach ist, Wünsche auf kleine Zettel schreiben. Gemeint sind nicht unbedingt materielle Dinge … vielmehr geht es um Wünsche, die man mit Geld nicht bezahlen kann, wie zum Beispiel ein spezielles Wunschessen, das unbedingt mal wieder gekocht werden soll, oder ein Kuchen oder ein Leseabend, eine gemeinsame Unternehmung – Baumhaus bauen, kleines Floß basteln und auf dem Fluss schwimmen lassen, ein großes Bild gemeinsam malen, einen Waldspaziergang, einen Nachtausflug, gemeinsam das Auto putzen, einen Schlafanzugtag …

Nun werden bestimmte Tage zu Wunschtagen erklärt (man kann auch immer einen Wunschzettel aus dem Kästchen holen, wenn einem nach einem Wunsch ist). An diesem Tag wird ein Zettel aus dem Wunschkistchen geholt, und der Wunsch wird erfüllt (natürlich nur, wenn möglich… denn ein Flug zum Mond oder ein Ritt auf einem Elefanten ist schon eine große Herausforderung, vielleicht aber möglich mithilfe der Fantasie … dann wird das Ganze zu einem großen Spiel)!

Zur Verdauung fliegen wir noch eine Runde mit dem fliegenden Teppich.

Wir verneigen uns tief und danken allen Sultanen und Sultaninnen, und um viele Eindrücke reicher, besteigen wir unser Suppenmobil, um unsere Reise fortzuführen.

Danke: »Sağol«, »teşcekkür«, »shokranq«, »tschkr«

Zu Hause

Wir können es gar nicht erwarten. So schön unsere Reise auch war, mit vielen **E**indrücken und **E**rlebnissen sehnen wir uns doch allmählich nach unserem Zuhause, nach unserem vertrauten **E**ssen, den vertrauten **G**erüchen, unseren eigenen **B**etten und natürlich nach unseren Freunden und Verwandten.

Wir schließen die Augen und atmen tief ein. Und schon wissen wir, wir sind zu Hause, denn das riecht nach Sauerbraten mit Knödeln und Kraut. Vertraut. Erinnerungen. Geborgenheit. Familie. Wir sind da. Angekommen.

Es gibt ein großes Hallo, und alle reden durcheinander und lachen und freuen sich. Der Tisch ist bereits gedeckt. Geschenke zur Begrüßung werden verteilt und Mitbringsel von der Ferne.

Und dann kommen die Schüsseln auf den Tisch. Ein Aaaahhh ist zu hören. Und ein kleiner Magen, der knurrt. Der Sauerbraten ist da.

Sauerbraten

Wenn man unsere Familie fragt, was für sie das wichtigste Essen im Jahr ist, würden alle einstimmig sagen: Omaticktacks Sauerbraten.

Und ich bin mir sicher, sie wäre mächtig stolz darauf, dass ihr Braten hier in diesem Buch einen wichtigen Platz einnimmt. An Feiertagen kommt die ganze große Familie zusammen, und unter 38 Knödeln geht da gar nichts. Wir versuchen hier, die Menge etwas runterzurechnen, man sollte dieses Essen aber wirklich für eine größere Anzahl Personen zubereiten denn auch am nächsten Tag aufgewärmt schmeckt der Braten noch hervorragend, oder man friert sich die Reste ein und hat dann mal mitten unter der Woche an einem ganz normalen Tag ein kleines Festessen (gibt es die eigentlich, die ganz normalen Tage?).

Und hier kommt's, das Rezept der Rezepte

Sauerbraten von Omaticktack (unserer Uroma)

1. 3–4 Tage vor dem Essen alle Zutaten für die Beize zusammen aufkochen und mit Salz und Zucker »abschmecken« (nach Gefühl, denn richtig abschmecken brennt ziemlich in Hals und Magen).
2. Alles abkühlen lassen.
3. Das Rindfleisch in einen Steinguttopf legen und mit der abgekühlten Beize übergießen. Das Fleisch muss unter dem Beizenspiegel liegen. Als Deckel dient ein Küchentuch, auf dem ein Teller den Topf verschließt, und auf diesem Teller liegt zum Beschweren ein Pflasterstein. (Klingt fast wie ein Hexenrezept, aber nein, Sie müssen keinen Hexenspruch sprechen. Der Pflasterstein bei uns ist ein geerbter Stein, der Stein der Steine, der seit vielen Jahren den Familiensauerbratentopf verschließt … jetzt reichts aber mit Überlieferungen und Traditionen, wer will das denn noch hören, das ist ja nicht zum Aushalten!)
4. 3–4 Tage im Kühlschrank ziehen lassen, einmal in dieser Zeit das Fleisch vorsichtig wenden.
5. Das Fleisch in der Beize ca. 2 1/2 Stunden kochen und garen lassen (dies kann man entweder am Tag vor dem Essen machen – dann das Fleisch im restlichen Sud in Scheiben aufwärmen – oder am gleichen Tag).

(20 min + 3–4 Tage Wartezeit + 2 h 30 min Kochzeit)

Rezept für ca. 10 Personen (es lohnt sich wirklich, gleich mehr zu machen)

2 1/2–3 kg Rindfleisch (Rose oder Bürgermeister)

Beize
2 Flaschen Essig und doppelte Menge Wasser – evtl. 250 ml mehr
3 Wacholderbeeren
Lorbeerblätter
Pfefferkörner
Salz
Knoblauchpulver
1 Zwiebel
1 geschnittene Möhre
Zucker

Soße

Beize (mit der können Sie die Soße auch wunderbar verlängern. Wir machen immer einen großen Topf voll mit Soße, damit die Knödel später richtig in der Soße schwimmen können)

250 g Pflanzenfett
3 TL Zucker
16 EL Mehl

1 Fleischbrühwürfel
etwas Speisestärke für dunkle Soßen
Salz
Pfeffer

1. Eine Einbrenne herstellen. Dazu Öl mit Zucker und Mehl sehr dunkel anschwitzen. Dabei müssen Sie etwas Geduld haben und fleißig ca. 5 Minuten rühren. Dann geht es sehr schnell. Die helle Mehlschwitze wird plötzlich immer dunkler. Jetzt kommt der heikle Teil. Je dunkler die Anschwitze, desto dunkler und besser ist später die Soße, aber Vorsicht, sie kann auch ganz plötzlich anbrennen.

2. Mit einem Schöpflöffel Beize vorsichtig in die Einbrenne geben, rühren. Jetzt mehrere Löffel Beize dazugeben, weiterrühren. Nun den Brühwürfel und evtl. die Speisestärke unterrühren.

3. Jetzt kommt das Abschmecken. Mit Zucker, Salz und Pfeffer wird die Soße verfeinert. Sie muss zwar sauer sein – sonst hieße ja der Sauerbraten Süßbraten oder Salzbraten –, darf aber nicht zu sehr nach Essig schmecken und auch nicht im Hals oder im Bauch brennen.

4. Das Fleisch in Scheiben schneiden und im restlichen Sud aufwärmen – falls schon am Tag zuvor gekocht.

Knödel

(Mein Sohn rechnete sich sofort aus, dass dann ja jeder nur 3 Knödel bekäme, und das wäre eindeutig zu wenig)

1. Am Vortag Pellkartoffeln abkochen, schälen und durchpressen. Im Kühlschrank aufbewahren.
2. Am Serviertag die Zutaten gut mit der Hand verkneten.
3. Nach Gefühl noch etwas Grieß oder Mehl zugeben. Es bleibt jedoch eine klebrige Angelegenheit, da müssen Sie durch.
4. Die Semmel zu Bröckerl schneiden und in einer Pfanne rösten. Erkalten lassen.
5. Jetzt schöne Knödel formen, in jeden Knödel drei bis vier »Bröckerl« hineinarbeiten. Mehl hilft, die Knödel besser formen zu können.
6. Einen großen Topf mit Salzwasser füllen und zum Kochen bringen. Knödel hineingeben und ca. 20–30 Minuten sieden lassen. Nehmen Sie am besten nach 20 Minuten einen Knödel heraus und probieren Sie, ob dieser schon durch ist oder immer noch teigig schmeckt.

(30 min Vorbereitung + 30 min Kochzeit)

Für 24 Stück

2–2 1/2 kg Pellkartoffeln
250 g Kartoffelmehl
250 g Hartweizengrieß
2 Eier
Salz
Mehl nach Gefühl zum Untermischen
1 Semmel (Brötchen)

Sauerkraut

(10 min + 1 h Kochzeit)

Für 4 Personen

1 Zwiebel
1 EL Butter
1 kg Sauerkraut
3 Wacholderbeeren
1 Lorbeerblatt
1 Apfel (saure Sorte)
4 EL Honig
2 EL Öl

1. Die Zwiebel schälen und fein hacken.
2. In einem Topf die Butter erhitzen. Die Zwiebel darin goldgelb andünsten.
3. Das Sauerkraut dazugeben und mit einer Gabel auflockern.
4. Mit 250 ml Wasser angießen, die Wacholderbeeren und das Lorbeerblatt dazugeben.
5. Den Apfel schälen, entkernen, zuerst in Spalten und dann in dünne Scheiben schneiden. Zum Kraut geben.
6. Das Kraut eine gute Stunde vor sich hinköcheln lassen.
7. Zum Schluss mit Honig abrunden und das Öl untermengen.

Am besten schmeckt das Kraut, wenn es am Abend zuvor zubereitet, am Morgen einmal aufgekocht und zum Mittagessen ein drittes Mal erwärmt wird!

Und zum Nachtisch?

Zum Nachtisch gibt es Dampfnudeln, und weil wir uns etwas Gutes tun wollen und denken, dass wir wahrscheinlich sowieso schon so satt sein werden vom Sauerbraten, gibt es richtige »Bonsai-Dampfnudeln« oder auch Zwergerldampfnudeln.

Umso mehr erstaunt es uns, als Paulina stolz berichtet: »Ich habe sieben Stück gegessen.«

Mit Vanillesoße, getrockneten Pflaumen und Zimt-und-Zucker-Mischung schmecken sie aber auch zu lecker.

Dampfnudeln

1. Die Hefe mit 1 TL Zucker und 3 EL (von 125 ml) Milch glatt rühren.
2. Das Mehl in eine Schüssel geben, die Hefe hineingeben und mit etwas Mehl vermengen.
3. Den Vorteig 15 Minuten gehen lassen.
4. Die Butter in einem Topf schmelzen, vom Herd nehmen.
5. Die restliche Milch, den Zucker, das Ei und 1 Prise Salz zum Mehl in die Schüssel geben.
6. Die geschmolzene Butter dazugießen und den Teig kräftig und lange (10 Minuten) durchkneten.
7. Den Teig zu einer Kugel formen und noch einmal 30 Minuten gehen lassen.
8. Den Teig nochmals durchkneten und zu 24 kleinen Kugeln formen.
9. 1 EL Butter mit 1 EL Öl in einer großen schweren Pfanne mit Deckel erhitzen.
10. Wasser in dieser Pfanne fingerbreit angießen und 1 TL Salz einrühren.
11. Die Dampfnudelkugeln mit genügend Abstand in die Pfanne setzen (sie gehen auf!).
12. Den Deckel fest schließen und dabei ein sauberes Küchentuch zwischen Pfanne und Deckel klemmen.
13. Die Dampfnudeln bei mittlerer Hitze etwa 20 Minuten köcheln (vorher nicht den Deckel lüften).
14. Die Dampfnudeln sind fertig, wenn sie schön aufgegangen sind und die Unterseite leicht knusprig angebacken ist.

Mit warmer Vanillesoße, Trockenpflaumen und Zimtzucker servieren.

(30 min + 30 min Wartezeit + 20 min Kochzeit)

Für 24 kleine Portionen

1/2 Würfel Hefe (20 g)
1 TL + 1 1/2 EL Zucker
120 ml lauwarme Milch
300 g Mehl
50 g Butter
1 Ei
Salz
1 EL Butter
1 EL Öl
Mehl zum Formen
Vanillesoße (nach Packungsanweisung)
getrocknete Pflaumen
reichlich Zucker und Zimt zum Bestreuen

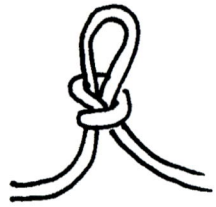

Der gute alte Topflappen

Wenn man an den Handarbeitsunterricht (der ja leider im Schulunterricht ab der fünften Klasse ausgestorben ist) denkt, denkt man doch automatisch an den Topflappen. Wie hat man sich mit seiner Häkelnadel abgequält! Aber am Ende war man doch stolz, so ein schönes und noch dazu praktisches Geschenk für seine Mutti zu haben. Als meine Tochter in der dritten Klasse häkeln lernte, juckte es mich in den Fingern, es auch mal wieder zu probieren. Ich stöberte bei meiner Mutter und fand tatsächlich eine Häkelnadel, etwas Wolle und … man höre und staune … eine Strickliesl. Wie ging das noch? Ist das nicht wie Fahrradfahren … so was verlernt man nie? Nein, ist es nicht. Ziemlich ratlos saß ich mit Liesl, Wolle, Häkelnadel und meiner Tochter am Tisch. Ich suchte mir im Internet eine Anleitung, und kaum hatte ich die ersten Maschen erfolgreich hinter mich gebracht, flutschte es wieder, und ich erinnerte mich. Da saßen wir nun, meine Tochter und ich, am Tisch, hörten ein Hörspiel und häkelten und strickliesten (dafür gibt es überhaupt kein Verb!) vor uns hin … wie romantisch!

Fumi war auch im Strick- und Häkelfieber und brachte jeden Tag stolz einen neu designten Topflappen vorbei. Die Stapel wurden immer größer, und es hat unglaublich viel Spaß gemacht.

Fumi: »Man könnte sich fragen, ob man jemals so viele Topflappen braucht. Man könnte sie auf jeden Fall als Topfuntersetzer zweckentfremden. Oder je nach Farbe, Form und Anzahl sogar irgendwann eine wunderschöne Patchworkdecke gehäkelt haben.«

Oder als Dekoration an die Wand hängen oder als kleine Zudecken für noch kleinere Stofftiere … Also, lassen Sie die Strickliesln nicht aussterben. Von ma zu Mami, von Mami zu Tochter ... auch das sind Dinge, die man an die nächste Generation weitergeben sollte. Es lebe die Strickliesl!!!

Stuhlhussen

Was macht man damit?
Die Stuhlhusse ist hervorragend für all die Dinge geeignet, die Kinder so an den Esstisch mitbringen – kleine Stofftiere, Stifte, Bücher etc. Wird kurz vor dem Essen am Tisch noch gemalt, kann man das Malzeug einfach in die Hussen stecken und nach dem Essen wieder herausholen.

Was braucht man?
- 1 Küchenhandtuch
- Knöpfe
- 1 Nähmaschine
- 1 Küchenstuhl

Und wie geht es?

1. Die Husse ist ganz einfach genäht. Das Küchenhandtuch wird am unteren Ende etwa 20 cm hochgeklappt, festgesteckt und seitlich festgenäht. Für mehrere Staufächer können noch Abnäher angebracht werden.

2. Danach wird das Handtuch noch einmal halbiert, damit 1 Hälfte vor und 1 Hälfte hinter der Rückenlehne liegt.

3. Wieder seitlich abstecken (Am besten am Stuhl Maß nehmen, damit es später nicht so hin und her rutscht!) und nähen.

4. Über den Stuhl ziehen, und fertig ist Teddys Warteplatz!

Wir lehnen uns glücklich zurück. Erzählen und erzählen von unserer langen und spannenden Reise. Vom Kartoffelkönig, dem Märchenerzählen, vom großen Milchtest, dem Schlaraffenland, den Aliens, die gar keine waren, dem Stäbchentrick, wie wir die Pizza in die Luft geschmissen haben und dem wunderbaren Gefühl, wieder zu Hause zu sein. Denn: Zu Hause schmeckts am besten.

Und bald wollen wir wieder eine Reise machen. Dann vielleicht eine Zeitreise: Was hat man wohl in der Steinzeit gegessen … Steine? Und in der Ritterzeit … und der Rokokozeit … und in der Cowboyzeit und der Brotzeit und der Urzeit … und bei einer Hochzeit? Und in der Weihnachtszeit? Aber jetzt wirds höchste Zeit, ein Nickerchen zu machen und zu träumen – von dampfenden Knödeln …

Eintrag ins Logbuch:

Es war eine wunderbare Reise. Alle Crewmitglieder haben eine Menge dazugelernt, neue Eindrücke gewonnen und viel Spaß gehabt.
Mich hat am meisten erstaunt, wie viel auch wählerische Kinder probieren und essen ... wenn der Fokus gar nicht so sehr auf dem Essen liegt, sondern auf dem Drumherum. Gemütlich beisammensitzen, sich Geschichten erzählen, ein schön gedeckter Tisch, Möhren, die man selbst geschnibbelt hat, Kartoffeln, die man selbst auf dem Markt ausgesucht hat ...
Und auch wenn dieses Buch leider nur 144 Seiten hat, werden wir mit unserer Crew weiterreisen und neue Geschmackserlebnisse entdecken. Das Abenteuer Essen ist eine unendliche Geschichte. Lassen Sie sich diese nicht entgehen! Nehmen Sie den Essensdruck von Ihren Kindern, schlucken Sie Ermahnungen rund um das Essen herunter – auf die gesunde Mischung kommt es an. Bringen Sie sich und Ihrem Kind bei zu genießen, anstatt zu schlingen und nur zu schlucken. Dann wird Essen zum Genuss und nicht zur Last.
Alles, was ich Ihnen wünsche, ist Spaß mit Ihren Kindern und viel Freude beim Essen.
Genießen Sie beides!

Ihre Sabine Bohlmann   Tschüüüüssss!

Danksagung

Als Erstes danke ich natürlich meiner wundervollen Crew: der Hannah, dem Luca, der Paulina, dem Jakob und ganz besonders der Fumi (wenn es Dich nicht gäbe, müsste man Dich erfinden!). Ohne Euch wäre diese Reise ziemlich langweilig und anstrengend geworden.

Allen, die mich mit Kochbüchern überschüttet haben – die ich letztendlich dann doch gar nicht gebraucht habe!
Gerti für Omas Sauerbratenrezept.
Meiner Mutter dafür, dass sie jeden Mittag gekocht hat, als ich Kind war!
Allen, die uns Geschirr geliehen haben!
Yvonne Tiedl für die gute Zusammenarbeit!
Und Andreas für alles – ohne Dich hätten wir keine Küche gehabt, wenig Licht beim Fotografieren und immer zu viel Essen übrig!

Über die Autorin:

Nach ihrer Schauspielausbildung spielt Sabine Bohlmann in diversen TV-Filmen und -Serien mit, u.a. in der ARD-Vorabendserie Marienhof. Seit 1985 ist sie als Synchronsprecherin tätig und leiht u.a. Lisa Simpson und Vanessa Paradis ihre Stimme. Neben ihrer Tätigkeit als Schauspielerin und Synchronsprecherin betätigt sich Sabine Bohlmann außerdem erfolgreich als Autorin: 2004 erscheint ihr erstes Buch »Ein Löffelchen voll Zucker« bei Egmont vgs, zwei Jahre später folgt der Titel »Feiereien« und im Frühjahr 2008 »Ideenreich«. Im Herbst 2007 erscheinen ihre ersten Kinderbücher »Neues aus Monstrosia« sowie die Kinder-Jazz-CD »Der kleine Erdbär«, die sie gemeinsam mit der Musikerin Carolyn Breuer produziert.

Sabine Bohlmann ist Mutter zweier Kinder – Jakob und Paulina – und lebt mit ihrer Familie in München.

Im Handel oder unter www.vgs.de

Von Sabine Bohlmann bereits bei vgs erschienen:

Ein Löffelchen voll Zucker …
… und was bitter ist, wird süß!
Das Mary-Poppins-Prinzip

144 Seiten, Broschiert
ISBN 978-3-8025-1642-9
Euro 14,90 [D]

Feiereien
So machen Kinderfeste Spaß – planen, organisieren, veranstalten

144 Seiten, Broschiert
ISBN 978-3-8025-3614-4
Euro 14,90 [D]

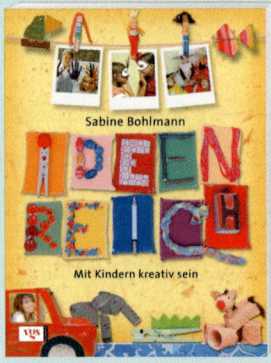

Ideenreich
Mit Kindern kreativ sein

144 Seiten, Broschiert
ISBN 978-3-8025-1760-0
Euro 14,95 [D]

www.vgs.de